그리움은 바람의 성질을 갖고 있다

오석륜 수필집

그리움은
바람의 성질을 갖고 있다

● 책을 펴내며

어찌하여 그리움은 바람의 성질을 갖고 있을까

1

　지금까지 일본어과 교수로, 시인으로, 번역가로 많은 책과 글을 발표해왔다. 30권이 넘는 저서와 번역서 등은 아등바등 살아온 결과물이다. 그렇게 바쁘게 살아오는 동안, 늘 가슴속에서는 사라지지 않는 그리움이 시간을 타고 바람처럼 나를 휘감았다. 내게 적지 않은 사유와 희로애락의 문장을 낳게 했다. 「그리움은 바람의 성질을 갖고 있다」도 그렇게 얻어진 시다.

　　아,
　　나는 그대가 꽃인 줄 알고
　　바람으로 다가서기만 하였는데

　　아,
　　그대는
　　내가 꽃인 줄 알고
　　바람으로 서서 맴돌기만 하였구나
　　　　　　　－「그리움은 바람의 성질을 갖고 있다」, (『파문의 파문』, 2018)

　시를 몇 번이고 곱씹어 읽어본다. 나와 그대를 둘러싸고 불었던 바람은 지금까지 맴돌기만 하였을 뿐 꽃을 피우지는 못했다. 여전히 피지 않고 있는 꽃. 되돌아보면, 나는 내가 사랑하는 모든 존재에게 다가서는 방식이 "바람으로 다가서"는 것이었는지도 모른다. 동시에, 그것은 나를 둘러싼 존재들이 명료하게 나를 품지 못하는 결과로 이어지지 않았나 하는 반성으로 이어진다. 아, 여전히 꽃을 피우지 못하고 있는 나.

그렇게 나는 오늘 또다시 내 존재의 뿌리와 성장과 발전, 그리고 행복과 번뇌를 관통하는 글쓰기에 매달리고 있다. 이 수필집은 그렇게 살아가는 나의 독백이고, 꽃을 피우지 못한 존재가 어떻게든 꽃을 피워보겠다는 건강한 고백 같은 것이다.

2

나는 그 독백과 고백의 공간에 독자들을 초대하고자 모두 70편이나 되는 글을 크게 4부로 나누어 다음과 같이 꾸몄다.

1부 '그리움은 바람의 성질을 갖고 있다'는 내가 태어난 충북 단양군 대강면 올산리의 옛 정취, 그리고 대구에서 초중고를 다니며 살았던 원대동, 내당동, 대명동, 침산동, 노원동, 평리동 등을 돌아보고 어린 시절 만났던 추억과 사람들을 불러냈다. 그것은 내 삶의 뿌리를 찾아 떠나는 바람 같은 것. 특히, 아버지와 어머니에 대한 그리움과 함께 친할머니는 아니었지만 따뜻한 정을 느끼게 해준 여인, 그리고 잊지 못할 사람들,

아름다운 사람들, 우정을 나누었던 친구들을 내 특유의 감성과 문장으로 불러보았다.

2부 '세상 나들이, 아름다운 사람들과 함께'는 최근 몇 년 동안 대한민국과 일본의 여러 명소와 관광지를 다녀온 후, 그 여행지에서 보고 느낀 다양한 풍경과 감상에 인문학적 사유의 옷을 입혔다. 기행문에서도 내 고유의 존재감과 매력을 찾으려는 노력을 기울였다.

그 여행길에 동행해준 사람들에게 이 자리를 빌려 감사를 드린다. 특히, 내가 전에 살았던 서울 노원구 월계동의 사람들과 함께 떠나는 '월계문화탐방' 변석주 회장님과 마향화 총무님. 그리고 봉사해주시는 분들과 회원분께도 '즐거운 동행, 아름다운 동행'을 선물 받고 있다는 인사를 드린다.

나는 성격상 혼자 떠나는 여행을 즐기는 편이 아니다. 어려서부터 외로움을 많이 타는 편이었다. 생각해보면, 부모님이 일찍 세상 뜨신 탓이 크다. 그로 인한 가난은 나를 벼랑 끝으로 몰아가기도 했지만, 어린 동생과 함께 세상을 헤쳐나가는 바탕이 된 책임감은 값진 동반자가 되었다. 이제는 그 가난과 책임감에 조금은 근육이 붙어 견실한 세계를 구축한 느낌이다. 외롭지 않으려고 정신없이 산 세월의 향기와 그리움이 바람처럼 흐르는 듯하다.

3부 '강의실에 흐르는 강'은 일본어과 교수로 살아가면서 얻은 소재를 바탕으로 꾸린 글들이다. 역사적 사실과 현재의 사실이 조화를 빚어내도록, 한국인과 일본인을 미래지향적 동반자로 살피려는 의지를 담아내고자 했다. '조선통신사' 관련 글을 비롯해 '일제에 대한 강한 항거'를 드러낸 일본 시인들의 시편을 소개한 것은 그 때문이다. 더불어, 사람과 동물과 자연과의 동행도 담담하게 쓸 수 있었다.

4부 '가을비는 지금, 수행, 수행의 노래를 부르고 있다'는 일상에서의 대화다. '가을비', '겨울 강', '계곡의 물소리' 등 사계와 자연과의 교감을 통해 삶의 의미를 찾으려는 시간의 서술이다. '겨울밤, 세한도(歲寒圖) 읽기'와 '천마도(天馬圖) 읽기'를 통해서는 역사의 향기와도 소통하려고 했다. 그리움이 시간을 타고 바람처럼 나를 휘감는 즐거운 경험을 했다. 그 경험에 감히 독자 여러분을 초대한다.

3

무엇보다 이 책은 나와 더불어 살아가는 사람들의 따뜻한 도움으로 출간할 수 있었다. 동행이 주는 기쁨과 의미를 선물하여 주신 분들에게 이 자리를 빌려 행복하다는 말씀을 꼭 전하고 싶다. 무엇보다 어려운 출판 환경에도 선뜻 출간을 허락해주신 〈푸른길〉의 김선기 대표님과 이선주 팀장님께 감사드린다. 더불어 부족한 글을 늘 따뜻한 시선으로 읽어주시는 〈글로벌경제신문〉 최종천 대표님과 류원근 편집국장님께도 고맙다는 인사를 전한다.

강호제현께서 들려주시는 넉넉한 질정에 귀를 기울이고 싶은 지금은 초여름. 초안산이 들려주는 찰진 빗줄기 소리가 내 연구실로 우르르 몰려오고 있다. 내 행복도 커지고 있다.

2025년 6월
초안산 기슭 연구실에서

오석륜

책을 펴내며 ...4

1부

그리움은 바람의 성질을 갖고 있다

올산리의 겨울을 추억하며 ...15
그해 겨울의 수통(水桶) ...18
어머니의 배꼽 ...21
섬강에서 부르는 사부곡 ...24
갈대, 갈대꽃 ...27
나전역에서 어느 여인을 떠올리며 ...30
사과꽃 필 때를 기다리며 ...34
그리운 대구 원대동 ...37
최군 아재 ...41
아버지의 글씨 ...44
올가을에는 그리운 사람을 만나러 가자 ...48
후니에게 띄우는 편지 ...52
재혼한 친구에게 띄우는 편지 ...55

현해탄을 건너는 친구에게 띄우는 편지 ...58
친구를 41년 만에 만났다 ...61
환력(還曆)의 술자리 ...64
딸을 시집보내고 ...67
'나'를 번역한다 ...70
외로움이 외로움에게 전하는 말 ...73
역도산과 김일, 그리고 도라지 ...76

2부

세상 나들이, 아름다운 사람들과 함께

다시, 횡성호수에서   ...81
영주 무섬마을에서   ...84
두물머리에서 '하나됨'을 생각하다   ...87
강화에서 연산군과 철종의 삶을 생각하다   ...90
강화 고려궁지(高麗宮址)를 거닐며   ...93
강화 평화전망대에서   ...96
겨울 바다에서 파도는 웃음이다 - 정동심곡 바다부채길을 걸으며   ...99
이 가을, 나는 붉어지고, 붉어지고 - 속리산 법주사에서   ...102
두타연(頭陀淵)에서 '경계'의 의미를 생각하다   ...105
목포   ...108
'제주 송악산'을 노래하다   ...111
'삼별초(三別抄)'는 오키나와로 갔을까   ...114
도담삼봉, 그리고 인간과 신선의 서사(敍事)   ...117
도산서원에서 퇴계 이황 선생을 생각하다   ...120
외로워 마라, 고석정(孤石亭)이여   ...123
편안한 고을, 보령을 가다   ...126
서산(瑞山)에서의 상춘(賞春)   ...129
중랑천의 겨울 가뭄   ...132
한여름 밤, '경춘선숲길'을 거닐다   ...135
홋카이도(北海道)의 가무이미사키(神威岬)에서 옥빛 바다에 물들었다   ...138

3부

강의실에 흐르는 강

강의실에 흐르는 강   ...143
강의실에는 꽃이 피고   ...146
어느 졸업생 어머니의 눈물   ...149
내가 별을 기다리는 것은   ...152
나무에게도 이웃이 있다   ...155
내시 승극철 부부는 다산(多産)의 꿈을 꾸었을 것이다   ...158
시(詩)와 수학(數學)은 예술의 영역에서 같이 호흡하는 존재   ...161
손글씨와 필사에 관한 단상   ...165
한자를 공부한다는 것   ...169
사전과 친숙해지자   ...172
지금, 다시, '조선통신사'의 의미를 생각한다   ...176
일본의 국민 시인 미요시 다쓰지(三好達治), '불국사'를 절창하다   ...180
일제강점기, 반식민지 투쟁을 시로 쓴 마키무라 히로시(槇村浩)가 있었다   ...184
일제에 대한 강한 항거를 노래한 나카노 시게하루(中野重治)가 있었다   ...188

4부

가을비는 지금, 수행, 수행의 노래를 부르고 있다

가을비는 지금, 수행, 수행의 노래를 부르고 있다 ...195
겨울 강과 가장자리 ...198
중얼중얼 ...202
계곡의 물소리에 길을 묻다 ...206
같이 우산을 쓴다는 것 ...209
동백꽃 필 무렵에 ...213
칠월 장마는 꾸어서도 한다 ...216
대설 무렵 ...220
가을 단상 ...223
이 겨울의 독서 ...227
아, 중랑천에도 섬이, 섬이, 생겼다 ...230
입춘을 앞두고 ...232
베란다의 봄 ...235
봄, 시를 읽으며 맞이하자 ...238
천마도(天馬圖) 읽기 ...243
겨울밤, 세한도(歲寒圖) 읽기 ...246

1부

그리움은
바람의 성질을 갖고 있다

올산리의 겨울을 추억하며

　아침에 일어나 쇠로 된 방문 고리를 열어젖히면 눈이 내리고 있었다. 밤새 잠자는 동안, 마당과 지붕에 소복소복 쌓이던 눈은 집 아래 도랑으로도 달려가, 얼어붙은 도랑에 귀를 대고 밑바닥에 흐르는 물소리를 듣고 있었다.
　올산리의 겨울은 사방이 산으로 둘러싸인 탓에 눈의 나라였다. 겨울바람에 하얀 엽서를 주고받는 것, 그것이 산과 산이 서로 안부를 묻는 방식이었다. 마을 여기저기에 띄엄띄엄 흩어져 있던 몇 가구 안 되는 집들, 그들 굴뚝에서 퍼져나오는 연기도 허공에서 만나 서로의 안부를 물었다.
　호롱불로 밤을 밝히며 큰 마을에서, 새터에서 친구들과 늦게까지 놀다 할아버지 집이 있는 언덕마을까지 올 때 길을 밝혀준 것은 달빛이었다. 산동네를 허벅지까지 에워싸고 있던 눈이었다. 내 발걸음을 재촉하게 했던 것은 길옆 성황당을 지날 때마다 귀신과 귀엣말을 주고받던 묏바람이었다.

 그래도 그 광경을 지켜보며 밤길 넘어지지 말라며, 미끄러지지 말라며, 한마디씩 던져주던 부엉이들의 목소리는 따뜻한 동행이었다. 소백산을 헤쳐나와 산골 마을까지 흘러온 작은 개울을 따라 내 그림자도 흘러가고 있었다. 어깨동무한 채로 산과 산이 정답게 잠자고 있는 틈에서 흘러나온 산짐승 소리가 나를 따라오기도 했다.

 1970년대, 1980년대 초, 충청북도 단양군 대강면 올산리에서 내가 겪었던 겨울 풍경이다. 지명이 된 대강면의 대강(大崗)은 큰 산등성이라는 뜻이고, 올산리의 올산(兀山)은 실제로 존재하는 해발 858미터의 산을 가리키는 말이다. 올산리는 그렇게 높은 산으로 둘러싸인 산골 마을이다. 우리 집안은 그곳에서 몇 대를 살았던 것 같다. 아버지의 고향이기도 하고, 내가 태어난 곳이기도 하다. 산골짜기, 오지라는 표현이 적절한 이곳을 떠나 일찍이 도시로 나간 아버지는 이곳을 버릇처럼 '하늘 아래 첫 동네'로 부르곤 했다.

 나는 이 산들에 둘러싸인 마을 풍경을 잊을 수 없다. 오랫동안 가보지 못했지만, 지금도 몇십 년 전의 기억을 생생하게 파노라마처럼 펼쳐낼 수 있다. 화가는 아니지만 그림으로 그려낼 수도 있다. 아니, 그리움처럼 그 풍경을 품고 살아가고 있다. 잠이 오지 않을 때, 혹은 잠이 들 무렵, 이 풍경을 그려내면 스르륵 잠이 드는 일이 많다. 그곳에서 뛰어놀던 바람이 나를 찾아와 자장가를 불러주기 때문이다.

 대구에서 초·중·고를 다녔던 나는 할아버지가 계신 그곳에서 방학을 보낸 일이 많았다. 우리 집안이 살았던 집도, 훗날 할아버지가 살았던 집도 지금은 모두 사라지고 없지만, 내 기억 속에는 아직도 건강하게 살아 있는 추억이여, 그리움이여. 지금도 쇠로 된 방문 고리를 열어젖히면 눈이 내리고 있을 것 같은 풍경이 꿈에 나타난다.

잠이 오지 않을 때, 혹은 잠이 들 무렵, 올산리의 겨울 풍경을 그려내면 스르륵 잠이 든다. 조만간 그곳을 찾아 사라진 집터에 서서, 할아버지도 할머니도 아버지도 어머니도 불러보리라. 아등바등 정신없이 살아온 나도 불러보리라.

그해 겨울의 수통(水桶)

　반 지하실이었다. 길가에서 보면 지하실로 보이지 않았지만, 모퉁이를 돌아 골목으로 접어들어 주인집이 있는 대문으로 들어가서 보면, 그곳은 분명한 지하실이었다. 그곳에는 구들장도 온돌도 없었기에, 겨울에도 불을 땔 수 없는 공간이었다. 우리 식구들은 그 반 지하실을 방으로 꾸미고 살았다. 가난이 웅크리고 있던 그곳으로 파고들던 매서운 겨울 된바람은 마치 서슬 퍼런 칼날 같았다. 겨울이 올 때마다 몹시도 추웠고, 또 두렵기만 했다.
　그때, 한기로부터 체온을 지켜 준 것은 수통(水桶)이었다. 우리는 수통을 껴안고 잠을 청했다. 그 수통에는 난로로 덥힌 따뜻한 물이 가득 담겨 있었다. 잠을 자기 전에는 반드시 그 수통에 온수를 채워야만 했다. 그래서 수통은 없어서는 안 될 소중한 온기였고, 따뜻한 자장가 같은 것이었다. 나의 체온과 수통의 온기는 그해 겨울을 버텨내던 절박하고도 아름다운 동행이었다. 아, 안타깝게도 그 무렵 내게는 불청

객처럼 폐결핵이 찾아와 있었다.

 따스하기만 했던 수통은 몇 시간만 지나면 제 역할을 다하고 식어갔다. 온기를 반납했던 것. 아연으로 된 냉정한 통으로 변해 있었다. 그래도 얼마간 나를 덥혀준 그 열기로 나는 잠을 청할 수 있었지만, 폐결핵을 앓고 있었던 터라 새벽이면 이불을 적실만큼 식은땀 흘리는 날이 많았다. 식은땀은 지친 발걸음으로 나의 마른 등줄기를 타고 내렸다. 한 번 더, 한 번 더, 수통의 온기를 느끼고 싶었지만, 그냥 잠을 청할 수밖에 없었다. 가끔 잠자리를 지켜보며 출몰하던 몇몇 벌레들이 내 기침 소리에 놀라 어디론가 사라져가곤 했다. 좀처럼 눈이 오지 않던 대구에 눈다운 눈이 내리던 그때의 아름다웠던 설경도 그렇게 자취를 감추었으리라.

 아침이 되어 길가에 접해 있던 반 지하실의 셔터를 올리면서 식구들의 일상도 시작되었다. 햇살이 조금씩 우리의 공간으로 들어온 것도 그때. 밤새 우리와 동침했던 피로 탓이었을까, 식구들의 숫자만큼 존재했던 수통들도 한쪽에 벌러덩 누워 휴식을 취하고 있었다. 내가 학교 갈 준비를 하는 동안, 누나는 또다시 생업을 위하여 잠자리를 거둬내고 그곳에서 하루 내내 재봉틀을 돌렸다.

 누나가 만들어내는 수많은 이불을 구경하기 위해 반 지하실로 스며들던 햇살들. 아, 그 햇살들이 이불의 살결에 반짝거리며 수를 놓고 있었다. 꽃무늬를 그려내고 있었다. 그 자태는 가난한 자들이 다시 살아갈 수 있다는 희망 같은 것이었다. 수통들에게도 다가가 그들의 몸에 그어진 굵은 줄 마디마디 속으로 파고 들어가고 있었다. 수통을 데워주고 있다는 생각이 들기도 했다.

그렇게 나는 그 반 지하실에서 고등학교 시절의 많은 시간을 보냈다. 식구들이 수통과 같이 적잖은 세월을 함께 했던 1980년 겨울, 1981년 겨울, 그 무렵이었다. 지나가던 사람들이 우리 식구들의 일상을 훤히 보고 가는 듯하여 너무나도 부끄럽기만 했던 그때 그 공간은 대구 평리동에 있었다. 그리고 1982년 2월, '아무것도 가진 것 없는 사람들이 벌어 먹고사는 데는 서울만 한 곳이 없다'는 소문만 믿고 나는 도망치듯 서울로 달아났다.

어머니의 배꼽

먼저, 시를 한 편 읽으며 이 글을 시작할까 한다.

나이를 먹어 갈수록
중학교 때 돌아가신 어머니의 기억은 자꾸 멀어져 가는데
어머니의 배꼽은 기억이 난다
무슨 병을 앓다가 돌아가셨는지 또렷하진 않지만
아프실 때마다 배꼽 주위를 손끝으로 꾹 눌러 달라고 하셨다
한참을 그렇게 눌러야만 사라졌던 어머니의 통증,
다시 도지면 이번에는 네댓 살 된 동생이
배꼽 주변의 통증을 눌렀다
그럴 때마다 어머니의 생은 작별의 신호처럼 무섭게 깜박거렸다
어머니의 배꼽에서 슬픔을 배우기 시작한 동생은
가끔씩 손등에 눈물을 떨어뜨렸고

그 눈물은 고스란히 어머니의 배꼽이 받아들였다
아가야, 이 배꼽이 네가 나왔던 곳인데,
이 배꼽이 네 잉태의 순간을 기억하는 곳인데,
하고 울먹였고
그 몇 해 뒤 우리 형제는 영원히
어머니의 배꼽을 누르지 않아도 되었다
그해 여름 삼도천을 건너가신 어머니 대신에
우리 동네 빈터에는
어머니의 배꼽을 닮은 며느리배꼽꽃이 드문드문 피어나
우리 형제의 하굣길을 지켜보고 있었다

―「배꼽」 전문(『파문의 그늘』, 2018)

    시의 화자는 필자다. 시에 등장하는 "네댓 살 된 동생"은 지금은 시인이 된 나의 남동생이다. "그해 여름 삼도천을 건너가신 어머니"에서 그해 여름은 1978년 여름. 벌써 50년 가까운 세월이 흘렀다. 평소 단단하시던 분이었는데, 돌아가시기 몇 년 전부터 투병하시다 저세상으로 떠나셨다.
    안타깝게도 내가 어머니를 기억하는 몇 개의 추억에서 가장 강렬하게 남아 있는 것은 배꼽과 관련된 것이다. 어머니는 통증이 오면, 그때마다 윗옷을 걷어붙이고 배꼽 주위를 눌러달라고 하셨다. 그것도 힘을 주어 '꾹' 눌러달라고 하셨다. 조금씩 뭔가 덩어리 같은 것이 잡혔던 기억이 난다. 그래서 "그럴 때마다 어머니의 생은 작별의 신호처럼 무섭게 깜박거렸다"는 기억이 지배적이다. 그렇게 한참을 눌러야만 통증이 조금 가신다고 하셨다.

내가 한참을 눌러 힘이 빠지면, 네댓 살 된 동생이 그곳을 눌렀다. "아가야, 이 배꼽이 네가 나왔던 곳인데,/ 이 배꼽이 네 잉태의 순간을 기억하는 곳인데,/ 하고 울먹였"던 어머니의 마음은 어떠했을까. 환갑이 넘은 나이가 되니 조금은 알 것도 같지만, 어린 자식을 두고 저세상으로 가신 당신의 슬픔을 생각하니 또다시 먹먹해진다.

살아가면서 어머니의 목소리를 기억해내려고 애를 쓸 때가 있다. 그러나 그때 배꼽 주위를 눌러달라고 했던 그 목소리는 이제 자취를 감춘 듯 가물가물하다. 지금 와서 어머니의 목소리를 기억해본들 무슨 소용 있겠는가. 세월이 오래되니 꿈에서조차 나타나지 않는 어머니를 기억하려고 빛바랜 사진을 쳐다보기도 하지만, 아, 그럴 때마다 자꾸 배꼽이 생각난다. 어머니의 배꼽이.

섬강에서 부르는 사부곡

　이곳 섬강에 서니, 살아생전 과묵해서 자신의 청년기를 제대로 들려주지 않았던 아버지의 침묵이, 그 무거웠던 독백이, 오랜 세월을 벗어던지고 살아 움직이는 아우성처럼 들려온다. 아버지의 청춘이 흘러들어온다. 아버지의 영혼이 흘러들어온다.
　고등학교를 졸업한 후 성공해서 돌아오겠다는 다짐을 안고 서울로 대학가는 길을 서둘렀을 아버지에게 섬강은 어떤 공간이었을까. 태어나고 자란 고향인 충북 단양 땅을 떠나 섬강으로 흘러왔다가 섬강에서 꿈을 키우고 다시 섬강을 빠져나간 아버지의 청춘을 생각하며, 나는 섬강에 서서 '원주'와 '섬강'을 나지막이 소리 내어 불러보았다. '아버지'를 불러보았다.
　원주 그리고 섬강은 아버지가 생전에 고교 시절을 보냈던 곳이며, 또한 미군 부대에서 군 생활을 했던 곳이기도 하다. 내가 알고 있는 원주와 섬강과 아버지와의 인연은 그것이 전부. 그 인연을 끊지 못하고 아버지는 사후(死後)에 또 이곳 원주에 묻혔다. 그렇게 벌써 40년 가까운 세월이 흘렀다. 섬강은 아버지에게는 여전히 흐르는 강일까. 어느 공원묘지 높은 곳에 자리 잡고 섬강의 물소리를 헤아리고 있을지도 모를 아버지의 침묵이 오늘따라 살아 움직이는 아우성처럼 들려오는 것은 이제는 나도 철이 든 아들로 돌아오고 있다는 슬픈 고백 같은 것이다.

조선 중기의 정치인이자 시인인 송강 정철(1537-1594)이 강원도 관찰사로 부임한 후 쓴 『관동별곡』(1580)에 나오는 "蟾섬江강은 어듸메오, 雉티岳악이 여긔로다."라는 구절을 생각하면, 아버지도 이곳에서 문학인을 꿈꾸었을지 모른다. 강원도 횡성군 태기산(1258m)에서 발원하여 횡성호를 거쳐 횡성 읍내의 북쪽을 지나 원주시로 들어서는 섬강은 원주시 북부를 굽이쳐 흐르며 남쪽으로 한강을 향해 흐른다. 내가 바라보는 저 섬강은 돌아오지 않는 아버지를 잊은 채 흘러 흘러 어디로 흘러가는가. 망각의 강을 건넌 추억은 물결을 따라 어디로 흘러가는가.

아버지의 청춘도 흘러 흘러, 아버지의 영혼도 흘러 흘러, 아, 흘러 흘러, 소금산(小金山, 343m)을 오르는 내게 가슴 깊숙한 곳까지 흐르고 흐른다. 섬강의 든든한 배경으로 자리 잡은 소금산이 섬강에 아름다운 풍경을 던져줄 때마다 새롭게 흘러들어와 산의 빼어난 경관을 고스란히 받아적는 섬강의 물결이여. 그 풍경을 섬강이 담아내면 그 담아낸 풍경을 또 소금산이 완상(玩賞)하는 조화여. 외롭지 않은 합창이여.

아버지가 살아계셔서 이곳에 같이 올 수 있었다면, 아버지는 자신이 경험했던 섬강을 둘러싼 청춘과 추억을 어떻게 들려주었을까. 과묵해서 길게 늘어뜨리지 않았던 버릇처럼 짧은 생애를 살고 간 아버지가 섬강을 자신이 한강으로 흘러가는 중요한 강이었다고 말할 수 있었을까. 소중한 삶으로 흘러가게 해준 강이었다고 말할 수 있었을까.

   그런 아버지에게 비록 당신은 단명이었어도 내게 문학이란 소중한 유전자를 강으로 흐르게 해준 든든한 배경이었다고 말하고 싶은 3월 하순의 어느 날, 강 여기저기에 피어난 산수유꽃을 외롭지 않게 하려고 개나리도 진달래도 서둘러 흐드러지게 필 것 같다.

갈대, 갈대꽃

갈대는 나에게 아버지의 기억을 불러일으키는 존재다. 그리고 갈대꽃처럼 피어나고 싶었던 내 청년기의 궁핍했던 삶과 맞닿아 있다. 몇 년 전에 발표한 「엄마야 누나야 강변 살자」는 그러한 속살로 시를 꾸린 것이다. 그 전문을 읽어본다.

아버지가 즐겨 찾는 안주는 죽은 아내를 부르는 것이었다. 곡기가 소주였던 일이 다반사였다. 절대 아버지처럼 살지 않겠다던 다짐이 밤마다 꿈을 꾸며 이불을 걷어찼는데, 그럴 때마다 이불에 붙어 있던 별들이 떨어져 나갔다. 밥값이 부족하던 청춘은 허기를 메울 단어를 찾아 번역을 했다. 집 근처 토성(土城)에게 천 년이나 견뎌온 내력을 들려달라고 떼를 쓰기도 하였다. 덕분에 초조함을 이기지 못하고 자주 물어뜯던 손톱에는 별처럼 새살이 돋아났다. 강가에 피어나던 갈대꽃처럼, 엄마야 누나야 강변 살자 뜰에는 반짝이는 금모랫빛, 하는 노래를 참 감미롭게 불렀다.

— 「엄마야 누나야 강변 살자」 전문(『사선은 둥근 생각을 품고 있다』, 2021)

한강과 접해 있는 서울 풍납동에서 살던 이십 대 초반 무렵의 기억이 시의 시간적·공간적 배경이다. "죽은 아내를 부르"고 "곡기가 소주였던 일이 다반사였"던 것은 일찍 상처(喪妻)하고 사업에 실패한 아버지가 서울 생활에 적응하면서 생긴 부작용 같은 것이었다. 대구를 떠나 상경을 택했던 우리 부자에게 서울은 가난을 극복하기 위해 처절하게 몸부림치던 장소였다. 그래서 대학생이었던 나도 어떻게든 살아보려고 "번역을" 하고, "집 근처 토성土城에게 천 년이나 견뎌온 내력을 들려달라고 떼를 쓰기도" 했던 것.

그때 본 "강가에 피어나던 갈대꽃"은 아름다운 희망이었다. 강한 강바람 속에서도 어떻게든 꽃을 피우는 존재로 인식되었다. 석양 아래 펼쳐진 갈대들을 보며, "엄마야 누나야 강변 살자 뜰에는 반짝이는 금보랫빛, 하는 노래를 참 감미롭게 불렀"기에, 갈대에는 아버지에 대한 기억과 내 청년기의 궁핍했던 삶이 함께 어우러져 있다.

그래서 늘 갈대와 갈대꽃을 보고 싶었는지도 모른다. 겨울을 재촉하던 지난주 토요일, 갈대밭으로 가자는 주위의 권유에 동행을 한 것은 그 때문. 충남 서천에 있는 신성리 갈대밭을 찾았다. 10만여 평이 넘을 만큼 광활하게 펼쳐진 갈대의 나라를 돌아다니는 금강의 바람들처럼 나도 일행과 함께 갈대밭 여기저기를 살폈다. 강가에서 유영하는 청둥오리 떼들도 금세 이곳으로 날아와 동행할 것만 같았다. 갈대꽃은 지고 없었다. 하지만 나와 일행이 피워내는 이야기꽃이 갈대꽃처럼 피어나고 있었다. 금강을 수놓는 윤슬처럼 반짝거렸다.

 나는 '아버지도 살아계셨으면 이곳 갈대밭으로 같이 올 수 있었을 텐데.' 하는 생각을 했다. 갈대밭이 펼쳐진 허공을 향해서 자꾸만 '아버지, 아버지, 아버지'를 불러보고 싶었다. 그때 강가에 피어나던 갈대꽃처럼, "엄마야 누나야 강변 살자 뜰에는 반짝이는 금모랫빛 뒷문 밖에는 갈잎의 노래……" 하는 노래를 참 감미롭게 부르고 싶었다.

나전역에서 어느 여인을 떠올리며

사랑하는 임을 기다리는 시골 아낙네의 발그스레한 볼인가. 4월 하순의 따사로운 봄 햇살에 제 몸을 붉게 드러낸 철쭉들이 여기저기 피어 있었다. 나전역 주위를 에워싸며 누군가를 기다리고 있는 것 같았다. 역사(驛舍)를 배회하던 바람은 철쭉 향기를 전해주려고 이미 폐선(廢線)이 된 철로로 이동하고 있었다. 벌써 몇십 년 전에 사람과 철로 사이에 이루어진 이별이지만, 시간이 흐를수록 짙게 쌓이는 그리움으로 나전역은 여전히 누군가를 기다리고 있는 것 같았다.

나전역은 강원특별자치도 정선군 북평면 북평리에 위치한 정선선의 철도역. 1969년 문을 열었으나, 1989년 대한석탄공사 나전광업소가 사라지면서 1993년에는 역무원이 없는 간이역이 되었다. 한때 철거가 논의되었지만 2015년에 옛 모습 그대로 복원된 곳이다.

나전역을 배회하며 나도 그녀를 떠올렸다. 내가 어린 시절 '할머니'라고 불렀던 분. 성도 모르고 이름도 모른다. 나이도 모른다. 아는 것은 그녀가 정선 사람이었다는 것. 그것밖에 모른다. 그녀를 마지막으로 본 것은 1982년 여름 무렵. 대학 1학년 여름방학 때였다. 오랜 세월이 흘렀지만, 나는 지금도 그녀의 얼굴을 또렷이 기억하고 있다. 목소리도 기억하고 있다.

   그녀는 내 친할아버지와 같이 사셨던 분이다. 나는 내 친할머니의 얼굴을 모른다. 내가 태어나기 전에 돌아가셨기 때문이다. 내 어린 시절 그녀는 시골에서 할아버지와 같이 사셨다. 나와 피 한 방울 섞이지 않았지만, 나를 친손자 이상으로 따뜻하게 대해주셨다. 천사 같은 분이었다. 대구에서 초·중·고를 다녔던 나는 방학 때는 할아버지가 계신 충북 단양군 대강면의 산골 마을에서 보내는 일이 있었는데, 그때마다 할머니는 내게 엄청난 사랑을 베풀어주셨다. 그 사랑을 지금도 잊을 수 없다. 내가 친할머니를 그리워하지 않았던 것은 그 때문일 것이다.

   그녀가 단양 땅을 떠난 것은 1983년 할아버지가 돌아가신 후의 일. 자신의 고향이고 자신의 조카가 살고 있는 곳으로 간다는 말을 남기고 강원도 정선으로 떠났다. 그것이 내가 알고 있는 그녀의 안부 전부다. 서울에서 대학을 다니던 나는 할아버지 장례식에 참석하지 못했기에 그녀와 이별의 말 한마디 나누지 못했다. 그렇게 40년의 세월이 흐른 몇 년 전쯤 다음과 같은 시를 써서 그녀를 그리워했다.

   새벽길 떠나던 그 날
   보따리에 이고 간 것은

적멸로 들어간 할아버지의 혈색을
부지런히 주물러주고 떠난 안개와
혈류처럼 밤마다 꿈길을 따라왔던 도랑물 소리와
오랫동안 정들었던 멧새 울음,
그리고
다시는 못 볼 것 같은 제 얼굴이었겠지요.

잊겠다고, 잊겠다고, 다짐하며
구슬프게 울던 눈물에게
몇 번씩이나 돌아갈 곳이 어디인지를 물어보던
그때의 메아리는
주소 한 자 받아 적지 못한 후회와 슬픔을 견디지 못하고
마침내 이곳 집터를
온통 패랭이 천국으로 빚어놓았습니다.

다소곳하게 동백기름으로 빗어넘긴 머리에,
이마에, 쏟아져 내리던 별빛처럼
지금은 더 이상 버텨내지 못하는 그리움만 무성한데
언제 다시 환생하시면,
그때는 제가,
친손자보다 더한 사랑을 받았던 제가,
할머니의 천사가 될 수 있을까요,

소백산 골짜기 소식을 듣고 굽이굽이 찾아오는 우체부처럼

이 편지 읽으시거던,

이 마을의 숨결이고 젖샘인 도랑물에게

꼭 다시 이승의 품으로 흘러오겠다는

귀띔이라도 해주시지요.

- 「할머니 전 상서」 전문(『사선은 둥근 생각을 품고 있다』, 2021)

보고 싶다. 이곳 정선 땅 '나전역' 혹은 '정선역'에 내려 쓸쓸히 제 갈 길을 가셨을 그녀가 보고 싶다. 처음으로 찾은 이곳 나전역에서, 사랑하는 임을 기다리는 시골 아낙네의 발그스레한 볼 같은 철쭉을 보며 나는 떠올린다. 그녀를, 그녀를, 아마도 오래전 세상 떠나셨을.

사과꽃 필 때를 기다리며

먼저, 시「사과꽃」을 읽으며 글을 시작할까 한다. 필자가『시와 반시』2022년 봄호에 발표한 작품이다.

 사과꽃이 한창이던 봄날, 육학년 칠반에는 나와 명희가 서로 좋아하는 사이라는 소문이 피어나고 있었습니다. 그런 소문 때문이었는지 명희는 가끔씩 나와 마주칠 때마다 얼굴을 붉혔습니다. 사과 같았습니다. 얌전하기만 하던 그 애한테 말 한 번 제대로 붙여보지 못하던 어느 날, 그녀 집 앞을 지나다가 대문을 열고 나오는 명희를 보고는 나도 얼굴이 붉어졌습니다. 마치 낙과한 사과처럼 그 골목을 벗어나 엉뚱한 방향으로 길을 서성거렸습니다. 그 애가 나를 바라보고 있는지 궁금했습니다. 그러나 그 후로 우리는 폈다가 이내 속절없이 져버린 사과꽃처럼 서로 말 한마디 붙이지 못하고 졸업하였습니다.

고등학교 진학해서 만난 친구가 경주 건천에서 사과 과수원을 하고 있었습니다. 처음으로 그 친구 집에 초대를 받아 대구에서 건천으로 놀러 가던 날, 사과꽃을 보았습니다. 아, 그때, 꽃을 보는데 명희 생각, 사과처럼 얼굴 붉히던 명희 생각이 났습니다. 집에 돌아와 사과 과수원에서의 느낌을 시로 옮겨 현상문예에 투고를 했는데, 김춘수 시인께서 뽑아 주셔서 상을 받았습니다. 몇 번이나 읽고 또 읽던 시와 심사평, 아, 그때 행간마다 흐르던 사과꽃 같은 향기. 그러나 그 후 그녀의 소식은 잊고 살았습니다.

　　고등학교를 졸업하고 서울 생활한 지도 사십 년 가까이. 무수히 사과꽃도 피었다가 졌을 겁니다. 친구 집도 이제는 사과 과수원을 하지 않습니다. 벚꽃보다 사과꽃이 더 예쁘다던 친구 어머니도 몇 년 전 사과꽃 이파리처럼 저세상으로 흘러갔습니다. 동창생으로부터 들은 얘기로는 명희는 목사 부인이 되었다는데, 경기도 어딘가에 살고 있다는데, 소식은 끊겼다고 합니다. 사과꽃 피는 봄이 오면 사과 과수원을 찾아가야겠습니다. 사과꽃을 좋아하던 친구 어머니를 생각하며 한참을 서성이겠습니다. 사과꽃 향기를 맡고 온 벌처럼 명희의 소식도 전해질지 모르겠습니다.

-「사과꽃」 전문(『시와 반시』, 2022년 봄호)

시를 몇 번이나 읽고 읽는다. 그리운 것은 사라지지 않는다는 것을 깨닫는다. 그리운 것, 그리운 사람이 자취를 감추면 추억은 더 간절한 문장으로 살아 움직인다. 사과와 사과꽃, 사과밭, 그리고 그리운 사람들이 나지막이 읊조리는 노래가 되어 추억으로 되살아나는 지금은 금방이라도 사과꽃 같은 눈 꽃송이가 흩날릴 것 같은 소설(小雪)의 어느 한때.

벌써 한 해는 저물어 겨울로 향하고 있는데 어찌 내 마음은 사과꽃 피는 봄으로 달려가고 있을까. 유혹이다. 사과꽃의 유혹이다. 추억의 유혹이다. 그렇게 나는 또다시 얼마 전 대구에 계신 고등학교 선배님께서 보내주신 사과를 맛있게 먹으며, 사과꽃의 유혹, 추억의 유혹 속으로 걸어 들어가고 있다.

그리운 대구 원대동

대구 원대동은 내가 어릴 때 초등학교를 다니며 자랐던 곳이다. 다음의 글은 문예지 『시와 반시』(2016년 가을호)와 『문동이들의 귀향』(2023)에 산문시로 발표한 것이다. 제목은 「그리운 대구 원대동」이다. 특별한 평석이 없어도 쉽게 읽히리라.

1. 1971년

참 오밀조밀한 골목 많았다. 밤새 잠자고 있던 골목길을 아침밥 익어가는 소리가 깨웠다. 그 소리 사방으로 흩어지면 참새 떼도 아침을 먹고 있었는지 부지런히 허공을 쪼아댔다. 어디서 나타났는지 밥 좀 주이소, 밥 좀 주이소, 하는 동네 거지들의 외침도 대문을 두드리며 떠돌아다녔고, 사람들은 밥 한술 떠서 그들의 밥통을 채워주었다. 골목길은 그렇게 허기를 지우고 있었지만, 공동변소로 이어지는 길에는 배설을 마음대로 하지 못한 사람들의 욕망이 줄을 서는 일이 많다. 순서를 기다리는 동안 근처에 사는 벙어리 아저씨가 가끔씩 수화를 던졌지만, 어린 눈에는 그의 목에 걸려 있는 사연이 더 흥미로웠다. 그 어떤 동화의 문장보다 가슴을 타고 흘러들어왔다.

　골목을 요리조리 빠져나가면 원대시장이었다. 시장 안쪽에는 채소 도매상이 있었는데, 밤만 되면 높다랗게 배추와 무가 쌓였고, 그 위를 어둠과 침묵이 조심스레 덮어주었다. 그들 무게를 고스란히 찍어낸 그림자마저 덮칠 듯 무너져 내릴 것 같았지만, 채소 더미에서 흘러나온 무 냄새는 동요의 한 구절처럼 포근했다. 같은 동네 사는 인호 형이 무 하나 꺼내 건네주면 이로 껍질을 벗겼다. 어둠이 벗겨졌고 배고픔도 벗겨졌다. 그때 그 어둠은 편안함을 가르쳐준 목화솜 이불 같은 것이었다. 나의 유년은 어둠 속에서 자유를 만끽하는 방법에 익숙해지고 있었다.

　어느 날 저녁, 엄마랑 손을 잡고 부민극장으로 영화를 보러 갔을 때, 나는 좀처럼 울지 않던 엄마의 울음을 보았다. 신기했다. 같이 따라서 우는 것이 낯설지 않았다. 배우 윤정희가 예쁘다는 것도 그때 알았다. 늦은 귀갓길을 밝혀주던 희미한 가로등보다 통금 사이렌에 깜짝 놀란 달빛과 별빛이 더 밝았다. 엄마 젖가슴에 파묻혀 아침까지 그들 빛이 꺼지지 않을 거라 생각하며 잠이 들었다. 아침햇살이 그들 빛을 먼저 끄고 나를 습관처럼 깨웠는데, 앞집의 생선가게 비린내도 덩달아 잠에서 깨어나 있었다.

　시간이 흘러도 잘 적응이 되지 않던 비린내를 맡지 않게 된 것은 생선가게 식구들이 어느 날 야반도주하는 일이 벌어지고 나서였다. 아버지는 그들의 소문을 쫓아갔지만 오히려 그들의 슬픔만 어루만지다 돌아왔다는 정도만 동네에 떠돌았다. 모처럼 눈이 내릴 때쯤에는 그 소문도 죄다 덮어 버렸다. 시장에도 일상처럼 햇살이 비쳐 들어왔고 부지런히 살기만 했던 골목길에도 바람의 왕래가 잦았다. 꽃이 졌다가 피듯이, 증조할아버지가 세상을 뜨고 막내 동생이 태어났다. 그리고 몇 년 후 몸이 아픈 어머니를 따라 나는 원대동을 떠났고, 그리움이라는 것이 정든 사람, 정든 동네를 떠나면서 생긴다는 것도 조금씩 알아가고 있었다.

2. 2013년

　그 옛날의 상호(商號) 대부분은 사라지고 없었다. 진미정육점, 이라는 색 바랜 간판은 살아남아, 이미 저승의 꽃이 된 아버지와 어머니의 안부를 묻고 있었다. 종찬이 어머니는 나를 보고 아버지의 얼굴이 보인다며 세월을 헤아린다. 이제는 골목길 오밀조밀하지 않지만, 이곳을 떠나지 않은 원주민들의 안부는 여전히 오밀조밀 살아 꿈틀거렸다. 키 큰 친구 양우는 벌써 며느리 봤다고 했고, 어렵게 살던 해수는 선생님이 되었다고 했다. 골목길에 머물던 그리움이 신작로 쪽으로 길을 튼다. 대륙사진관 집 딸이었던 이성미는 지금 어디에 살고 있을까. 달성초등학교 담벼락에 기대어 우리들의 손톱을 붉게 물들이고 싶어 했던 봉숭아꽃들, 그 향기들은 다 어디로 갔을까. 지천명 넘긴 내 삶을 하나하나 되묻고 있는 바람을 타고 재생과 망각이 파도 소리처럼 밀려왔다가 사라진다.

최군 아재

지난해 가을이 끝나갈 무렵, 전세버스를 타고 단체로 충남 서천으로 여행 갔을 때였다. 여행을 이끌고 있는 모임의 회장님께서 버스 안에서 군것질하라며 간식을 나누어 주고 있었는데, 받아 보니 뽀빠이가 아닌가. 오, 뽀빠이. 그것은 내게 추억과 그리움이 묻어 있는 남다른 과자다. 어릴 때 우리 집은 뽀빠이를 생산하는 회사인 삼양식품의 대리점을 하고 있었기 때문이다. 뽀빠이를 맛있게 먹으면서, 나는 자연스레 어린 시절 나와 한집에 살았던 '최군 아재'라는 분을 떠올리고 있었다.

초등학교 5, 6학년과 중학교 1학년 무렵, 그러니까 1975년 전후에 대구에 살던 때의 이야기다. 벌써 50년이라는 세월이 흘렀다. 그는 자전거에 열서너 개 전후의 라면 상자를 싣고 식품 도매상 등에 배달을 다녔다. 아니 그보다 더 많은 짐을 싣고 나갈 때도 있었다. 물론 그가 타던 자전거는 짐을 싣는 커다란 것이었다.

그 당시에는 라면 상자 하나에 라면이 50개 들어 있었는지 그보다 더 많이 들어 있었는지 그건 잘 기억나지 않는다. 그런 라면 상자들을 자전거에 싣고는 고무로 된 굵고 튼튼한 까만 줄로 묶은 후, 라면 상자와 단단히 묶은 줄 사이에 뽀빠이가 든 작은 상자 등을 끼워넣고 배달을 나갈 때도 있었다.

그는 그렇게 많은 짐을 싣고 도로를 누볐다. 좁은 골목길도 잘 빠져다녔다. 그 광경은 묘기에 가까웠다. 놀라운 것은 같은 일을 하는 그의 동료들이 건장한 체격을 가졌던 것에 비해, 그는 체격이 크지 않았다는 것. 단단한 근육을 가진 작은 거인이었다.

대리점을 운영하던 아버지는 그를 '최군'이라고 불렀다. 아버지가 그렇게 불렀기에 나는 그를 '최군 아재' 혹은 '아재'라고 불렀다. 그의 나이는 잘 모른다. 나보다는 적어도 열 살 이상은 연상이었을 듯. 이름은 '최영제' 인지 '최영재'인지 또렷하지 않다. 고향은 대전이라고 들었던 기억이 난다. 그 외에 나는 그의 이력에 대해 아는 것이 거의 없다.

최군 아재는 성실하고 심성이 고왔다. 아버지는 그를 무척이나 신뢰하고 아꼈다. 수금도 맡길 정도였다. 우리 집에서 같이 생활하였지만, 나와 그와의 추억은 그렇게 많지 않다. 과묵한 편이었던 그와는 가끔 뽀빠이나 다른 과자 등을 나누어 먹기도 하고, 이런저런 대화를 나누는 정도였다. 그럴 때마다 그는 늘 인자하고 따뜻했다. 최군 아재와의 동거는 3년쯤 되었을까……

그 후 아버지는 대리점을 그만두고 다른 사업을 하셨다. 최군 아재와도 자연스럽게 헤어졌다. 아버지가 직물공장을 하시다가 불의의 화재로 모든 재산을 잃었을 때, 적잖은 고생을 하고 있었을 그 무렵, 최군 아재가 우리 집을 다녀갔다는 기억만 남아 있을 뿐이다. 그것이 내게 전해진 그의 마지막 소식이었다.

  또 해가 바뀌고 시간은 흘러간다. 그리운 사람이 그리워지는 계절. 내 마음의 풍경에도 그리움이 짙게 물든다. 그가 보고 싶어진다. 최군 아재가 그리워진다. 뽀빠이를 먹으면서 어린 시절 나와 한집에 살았던 최군 아재. 그를 떠올린다. 아, 그는 지금 어디에 살고 있을까. 그도 나를 추억하고 있을까.

아버지의 글씨

　명필이라고 부르고 싶었다. 적어도 나는 그렇게 부르고 싶었다. 아버지가 쓴 글씨는 어린 나에게 충분히 감동을 주고도 남았다. 아름다운 그림 같았다. 한 글자, 한 글자, 내 가슴에 새겨졌다. 당신이 주로 글씨를 쓴 곳은 신문지였고, 볼펜으로 쓴 것이었다. 한글은 잘 쓰지 않았다. 대부분이 한자였다. 무슨 글자냐고 물어보면, 우리 가족의 이름과 현재 살고 있는 곳과 아버지가 태어난 고향의 주소라고 했다. 가끔은 외우고 있는 한시도 적고는 했다. 반백 년도 더 지난, 그러니까 내가 초등학교 들어가기 전의 일.
　흑백사진 속의 풍경처럼 나는 지금도 아버지의 글씨체를 또렷하게 기억하고 있다. 신문지에 쓰는 아버지의 한자를 보며, 나도 저렇게 한자를 잘 쓰고 싶다는 생각이 저절로 피어나고 있었다. 적어도 아버지가 세상을 떠나시기 전까지는 자주 그 글씨를 따라 쓰고 했던 기억이 소환된다. 말하자면 모방이었던 셈이다.

그 덕분이었을까. 나는 초등학교 들어가기도 전에 약간의 한자를 읽을 수도 있었고, 쓸 수도 있었다. 신문을 읽다가도 아버지에게 모르는 한자를 물으면, 그 글자의 음과 뜻을 일러주고, 내 어린 손을 잡은 채 쓰는 방법을 가르쳐주셨던 일도 추억으로 떠오른다. 그래서 아버지의 글씨와 관련하여 나는 다음과 같은 시를 쓸 수 있었는지 모른다.

몇십 년 만에 아우가 직접 손으로 써서 건넨 쪽지를 읽다가
갑자기 눈물이 핑, 돌았다.
그도 이제 지천명인데, 내 글씨체를
변하지 않은 내 고유의 글씨체를
아직도 고스란히 간직하고 있었다니.

결혼 후 떨어져 살았어도 형제의 숨결은
핏줄처럼 흐르고 있었던 것일까.
어린 시절 부모를 잃고서 허허로웠을 성장기에
나의 일상과 나의 습관이 적잖이 의지가 되었으리라.
흠결 많은 내 청춘의 날들을 보상받는 듯하여
아우의 손을 꼭 쥐어주고 싶은

그 순간,
아버지의 글씨체를 따라 쓰고 싶어 했던 내 어린 날의 추억이
불쑥, 불쑥, 소환되는 것은 어찌 된 일인가.

> 공동의 유산처럼 보존된 아우의 글씨체를 보고, 또 보았다.
>
> ―「핏줄」 전문(『사선은 둥근 생각을 품고 있다』, 2021)

  시의 주된 흐름은 아버지의 글씨체를 따라 쓰고 싶어 했던 나. 그리고 내 글씨체를 따라 쓰며 자라난 아우. 이렇게 시에 나타난 세 부자의 글씨체가 서로 닮았다는 것이다. 비록 오랜 시간이 흘렀지만, 글씨체로 확인되는 부자지간과 형제지간의 핏줄은 그렇게 얼굴 모습에서뿐만 아니라 글씨체에서도 흐르고 있었다.

  돌이켜보면, 당시 신문지에 쓰던 아버지의 수많은 글자는 단순한 낙서일 수 있다. 그러나 분명한 것은 아버지의 그 글씨들이 내게 많은 영향을 주었다는 것. 그 이후로 나는 길을 가거나 책을 볼 때 한자로 된 것은 꼭 읽으려는 습관으로 이어졌다. 지금도 한 번 보았거나 읽은 한자를 비교적 오랫동안 기억하는 것은 그 때문이다. 더불어 학창 시절에 한문에 해박한 선생님들께서 흑판에 분필로 한자를 또박또박 써주셨던 글씨체도 잊히지 않은 채 나를 성장시킨 가르침으로 자리 잡고 있다.

  물론, 내가 일본문학 번역가로 성장하는 바탕에도 아버지의 글씨가 자리 잡고 있다. 대기업에 재직할 때 여러 해 동안 한자 시험 출제위원으로 활동했던 경력도 내게는 소중한 자산처럼 간직되어 있다.

  이렇게 글자는 한 인간의 성장과 발전에 중요한 역할을 할 수 있다. 얼마든지 유효한 기능으로 작용한다. 좀 더 확대해서 얘기하면, 글자는 개인의 차원을 넘어 집단과 사회의 정서와 품격에도 건강한 자양

분이 될 수 있다. 그러나 아쉽게도 지금은 문서나 문장을 완성하는 데 대부분 손으로 글자를 쓰지 않는 세상이 되어버렸다. 앞으로도 이런 흐름이 지속된다면, 가족끼리도 서로의 글씨체를 모르는 일이 생길지도 모른다. 연인끼리 애틋하게 손편지를 주고받던 이야기는 고전 속의 한 페이지로 남지 않을까 하는 우울함도 찾아온다.

몇 해 전 친한 친구인 강경수 교수가 자신이 고등학교 시절에 썼던 일기를 모아 『청춘일기』라는 책을 출간했다. 부모님과 사랑하는 사람을 그리워하는 서술로 가득하다. 손으로 쓴 일기나 편지의 향기가 짙게 배어 있다.

이 계절이 가기 전에 손으로 무언가를 써 보자. 편지면 더 좋겠다. 손편지에 묻어 있는 그리움을 부치러 우체국으로 가자. 우체국 가는 길에 피어난 장미꽃들이 얼굴을 더 붉히리라. 지금은 여전히 아버지의 글씨가 사무치게 그리운 밤. 내 마음에도 별빛이 내려앉는다.

올가을에는 그리운 사람을 만나러 가자

　늦더위가 어지럽히고 간 기억을 지우고 싶었을까. 둔덕진 곳에 모여 있던 코스모스가 일제히 꽃을 피우고 있었다. 더위는 시월 초까지도 계절을 망각한 채 가을의 영역을 수시로 침범하였다. 우리를 괴롭혔다. 그래서 빗줄기에 씻겨간 늦더위의 안부는 조금도 궁금하지 않았는지 모른다. 이제야 서늘한 바람이 불어온다. 가을이 온 듯하다. 그 바람에게 물어본다. 한로(寒露)가 다가오니 보고 싶은 사람이 있는데, 그 사람이 그리워지는데, 어찌하면 좋을까, 하고.

　아,
　나는 그대가 꽃인 줄 알고
　바람으로 다가서기만 했는데

　아, 그대는

내가 꽃인 줄 알고

바람으로 서서 맴돌기만 하였구나

-「그리움은 바람의 성질을 갖고 있다」 전문(『파문의 그늘』, 2018)

 몇 년 전에 출간한 시집 속의 한 편 「그리움은 바람의 성질을 갖고 있다」를 몇 번 읊조리다 보니, 가을 향기를 지녔던 사람이 보고 싶어진다. 시의 화자는 "그대가 꽃인 줄 알고/ 바람으로 다가서기만 했는데", 그대는 화자가 "꽃인 줄 알고/ 바람으로 서서 맴돌기만 하였"으니, 결국 두 사람의 만남은 이루어지지 않았다. 만나고 싶었는데 만나지 못했으니, 그리움을 낳았다. 시에서 서로에게 그리움을 키우게 한 것은 바람이었기에, '그리움은 바람의 성질을 갖고 있다'고 말하고 싶었던 것.

 나는 또 한 편의 시 「그리움의 성질」에서는 그리움을 다음과 같이 풀어내며 스스로 위로했다. 산문시다. 인용해 읽어본다.

 그리움을 푼다는 것, 그것은 추억의 장소를 찾아서 되는 것이 아닙니다. 보고 싶은 사람을 찾아야 풀린다는 것을 알았습니다. 대구 떠난 지 사십 년 가까이. 그리움이 풀릴까 해서 어릴 적 살던 집을 찾아갔지요. 지금은 두류공원이 된 곳. 산 밑에 살던 기억을 소환해 서대구시장과 그 주변을 서성였지요. 크게 변하지 않은 동네. 까까머리 소년 때 살았던 집을 찾을 수 있었지요. 같이 살았던 이웃은 없었지만, 다행히 그들의 행방은 아직도 퇴거신고를 하지 않고 있었어요. 집 안 여기저기에서 쌓였던 추억이 들춰질 때마다, 누군가를 부르며 문밖에서 서성이다 떠나가는 소문.

　만나지 못하면 그리움은 풀리지 않고 더 쌓이는 법. 어쩌면 그리움은 인간의 욕심과 같은 성질의 것인지도 모르지요. 같은 동네에 살았던 그 소녀의 소식도 궁금했지만, 안경 쓴 그 애의 안부가 꿈틀 꿈틀 살아났지만, 아직까지 그 집에 살고 있을 거라는 생각은 아예 접어두고 길을 떠났지요. 채 감지 못한 연처럼 허공에 남아, 두류산에서 불어오는 마파람에 펄럭이는 그리움. 손을 흔드는 그리움.

-「그리움의 성질」 전문(『대건의 문학』 01, 2021)

　화자에게 그리움은 단지 추억의 장소를 찾아가는 것이 아니라, 사람을 만나야 풀린다는 깨달음과 맞닿아 있다. 이 시의 제목 '그리움의 성질'은 바로 그런 함의다. 보고 싶은 사람을 만날 때 그때가 되어야 비로소 그리움과 인간의 본성은 의기투합하리라. 화자에게 "채 감지 못한 연처럼 허공에 남아" 있는 그리움은 아쉬움으로 남아 오랫동안 풀리지 않을 것 같다.

　그리움의 사전적 의미는 '보고 싶어 애타는 마음'이다. 누가 그리움이라는 단어에 자유로울 수 있을까. 가을은 사람도 곡식도 성숙해지는 계절. 성숙해지니까 사람은 살아온 동안을 되돌아보며 그리움을 품게 되는지도 모른다. 그리움에, '깊이 스며들거나 멀리까지 미치다'는 뜻의 '사무치다'라는 말이 더해지면, 더 애틋해진다. "물을 떠난 고기가 물을 그리워"하겠지만, 사람은 누군가를 보고 싶어 애타는 마음에 사로잡힌다. 그것이 그리움의 성질이다.

계절은 바쁜 일상을 잠시 접어두고 그리운 사람을 품거나, 그리운 사람을 만나러 가는 꿈을 꾸라고 한다. 지친 마음과 몸을 치유하는 시간이 필요하다. 이 가을에는 반드시 우리에게 그것을 허용해주어야 한다.

그리운 사람을 만나자. 그리운 곳으로 달려가자. 일제히 꽃을 피운 코스모스를 찾아오는 호박벌들의 나들이처럼 그리운 사람을 찾아가자. 그리운 곳으로 떠나보자. 거기 있어라. 가을만큼 살이 찌고 있는 그리움이여.

후니에게 띄우는 편지

친구여, 두루미 몇 마리가 가뭄으로 갈증을 겪는 이곳 중랑천에 모여 비상을 준비하며 무슨 얘기를 나누고 있는 것 같은 지금은 미명이다. 미명 속에서 오늘 하루도 잘살아보자는 다짐을 늘어놓고 있다며, 두루미들의 의지를 전해주는 된바람이 나의 창문에 붙었다가 떨어지기를 되풀이하고 있다. 그리고 잔뜩 찌푸린 하늘에서 서설(瑞雪)이 내릴 것이라고 귀엣말로 속삭이는 어둠은 금방이라도 제 몸을 풀어헤칠 것만 같은데.

그래, 친구여, 나는 그 어둠의 속삭임에 귀 기울이며 편지를 쓴다. 한동안 자네를 만나지 못한 미안함과 그리움을 달래려고 글을 쓴다. 내가 발표하는 글마다 꾸준히 답을 해주었던 자네가 "요즘 같은 정치 상황에 너무 경황이 없어 제대로 답장을 못하고 있다"고 보낸 문자는 잘 읽었네. 자네의 바쁜 일상도 읽었고, 정치가가 겪어야 할 작금의 대한민국 정치 현실도 읽고 있다네. 처음으로 정치에 몸담던 시절,

'희망찬 세상 만들기'를 꿈꾸던 자네의 포부도 내 기억에는 여전히 아름다운 추억으로 저장되어 있으니, 용기 잃지 마시게. 힘내시게.

곧 서설이 내릴 것 같다고 자꾸 전해주고 가는 된바람의 전언이 사실이라면, 지금 우리에게 닥치고 있는 시련도 하얗게 덮일 듯하네. 그런 예감이 드네. 눈이 내려, 눈발이 쏟아져, 허기진 강의 깊이에도 일조하고, 잎을 다 떨어뜨린 나뭇가지에도 예쁜 눈꽃을 피우고, 갈등의 계절을 견디고 있는 사람들의 마음에도 때 묻지 않은 아름다운 세상을 펼쳐 보일 것 같은 예감이 드네.

우리가 나이 먹는 동안 터득한 여러 법칙 중의 하나는 세상일이 마음먹은 대로 안 된다는 것, 그거 아니던가. 그래도 하천에 강설량이 많아지면 제법 굵어진 하천의 물소리를 데리고 더 넓은 강과 바다로 흘러갈 수 있다는 것도 우리가 간직하고 있는 소중한 믿음이 아니던가. 그래, 그 믿음 보듬고 또 그렇게 우리의 일상을 꾸려나가자고.

친구여, 돌아보면 자네는 가난한 유소년 시절과 청년기를 실력과 성실로써 극복해온 의지의 한국인이야. 그리고 바른 심성으로 세상을 헤쳐온 따뜻한 사람이야. 고등학교 시절 자네와 내가 문인을 꿈꾸었던 때를 기억하는가. 자네는 소설가 지망생, 나는 시인을 꿈꾸었지. 그런 자네가 이젠 문학의 언어 대신 정치의 언어를 품고 살아가고 있지만, 나는 알고 있네. 자네가 가진 정치의 언어에는 향기로운 문학의 언어도 함께 호흡하고 있다는 것을. 그리하여 아름다운 세상을 꿈꾸고 있다는 것도.

이 편지가 끝날 때쯤이면 서설이 내릴 것 같네. 서설이 내릴 것 같다고 귓엣말로 속삭이던 어둠도 사라질 것 같네. 오늘 하루도 잘살아보자는 다짐을 하는 두루미 떼들이여, 그 다짐 한 움큼 물고, 옹골차게 물고, 친구가 있는 뜨락으로 날아가 다오. 그리고 하얀 날개로 비상해 다오. 친구의 얼굴에도, 이 나라의 얼굴에도 푸른 미소가 번지도록, 번지도록.

재혼한 친구에게 띄우는 편지

　얼마 전까지만 해도 꽃들의 안부를 향기롭게 전해주던 가을바람이 순식간에 행방불명되고, 지금은 한파 특보가 여기저기 배수의 진을 치고 있다. 12월의 첫날, 새벽이다. 쉬 물러날 것 같지 않은 한파의 기세를 녹여내려고 차를 한 잔 따르니, 어둠과 공조하며 나를 에워싸고 있던 정적이 깨진다. 오랜 가뭄으로 여기저기 누런 이빨을 드러낸 중랑천 모래톱으로 스며들던 달빛도 지금은 동면을 즐기는 듯. 그래도 집 앞에 펼쳐진 초안산은 제 윤곽을 굵은 선으로 그려내고 있다. 당당하게 한파와 맞서는 풍경을 연출하고 있다.
　그래, 친구야, 이렇게 한파가 엄습해도 이제는 자네의 안부가 걱정되지 않는다. 당당하게 제 모습을 잃지 않는 산의 윤곽처럼 자네의 계절은 이제 굳건하리라. 따뜻한 삶을 살아가리라. 그렇게 기대해본다. 아니, 확신해본다. 살아보니, 삶이란 것이 그리 호락호락하지 않았다는 것을 우리는 잘 알고 있지 않은가. 의지만으로 되지 않는 삶을 때로는 원망도 하고, 때로는 슬퍼도 해보지 않았던가. 상처(喪妻) 후에 오랜 세월 홀로 지내던 자네가 이제는 새로운 인연을 만나 온화한 겨울나기로 다시 태어난 것 같다는 소식, 너무 고맙다. 마음 가득히 뜨거운 박수를 보낸다.

되돌아보니, 벌써 43년 이상. 자네와 친구로 만나 지낸 세월이 결코 짧지 않구나. 시골에서 상경하여 촌놈 티를 흠씬 풍기던 그때의 얼굴은 이제는 추억 속 흑백사진이다. 그 풋풋한 얼굴이 그리울 때도 있다. 군대에서 휴가를 나온 자네가 불쑥 나를 찾아와 보여준 그때의 까까머리도 그때의 하얀 치아도 그립기만 하다. 군모 아래로 보여주던 스물두 살의 까만 눈동자와 그을린 살갗은 아름다운 음악이었다. 경상도 사투리를 던지며 싱긋, 웃던 자네의 그때 그 미소는 다행히도 방부제가 첨가되지 않은 유산처럼 여전히 변하지 않고 있음에 마냥 기쁘다. 친구야.

무엇보다 아내 없이 홀로 애들 셋을 잘 키워낸 자네의 노고에는 경의를 표하지 않을 수 없다. 혹독한 겨울을 견뎌내고 개화한 봄날의 꽃송이 같은 슬하의 자식들이 이제는 의젓한 사회인으로 성장하였으니, 고생했다. 정말 고생했다, 친구야. 드러내놓고 말하지 않는 그대의 성격은 알고 있으나, 그래도 자네의 아픈 부분을 채 어루만져주지 못한 내 불찰을 이제는 용서해주시게. 친구로서 내 정성이 부족했던 탓이야.

이제는 자네에게도 따뜻한 계절이 찾아오고 있다는 말, 그 말이 가장 편안하게 들린다. 자네의 품에서 외로움이 사라지고 있다는 확신이 드는 것은 나 혼자만의 단정은 아닐 듯하네. 이제는 그 행복을 문자로라도 좋으니, 사진으로라도 좋으니, 아주 작은 행복감도 놓치지 말고 그런 감정이 찾아올 때마다 농담처럼 툭툭 던져주시게. 첫눈을 맞이하는 기분으로 보고 또 읽겠네.

  차 한 잔을 마시며 자네에게 이 글을 쓰다 보니, 날이 밝아오고 있네. 어둠이 사리지고 있네. 자네를 감싸고 있던 외로움도 어둠도 이렇게 풀려나가고 있다는 생각이 햇살을 부르고 있네. 당당하게 제 모습을 잃지 않는 산의 윤곽 같은 자네의 계절에도, 이순(耳順)을 지난 우리의 삶에도 따뜻한 차 한 잔 건네고 싶은 아침이, 아침이 찾아오고 있네.

현해탄을 건너는 친구에게 띄우는 편지

현해탄을 건너는 친구여. 지금쯤 망망대해에서 어둠이 무한대로 세력을 확장하는 광경을 목격하고 있을 친구여. 마치 밤바다와 밤하늘이 하나의 몸으로 움직이고 있다는 생각이 들지도 모르겠다. 긴장을 풀어헤친 어둠에게 귀엣말이라도 할 것처럼 여기저기 피어나는 안개와 그 안개에 몸을 씻으려고 내려앉는 달빛도 가슴에 담으면서 가거라. 그렇게 현해탄을 건너다보면, 어둠과 안개와 달빛이 견고한 새벽을 준비하는 시모노세키항에 도착할 것이다.

생각해보면, 지금 자네가 건너는 현해탄은 이런저런 사연들로 가득한 곳. 우리에게 익숙한 노래 '사의 찬미'를 불렀던 윤심덕(1897-1926)이 애인이었던 작가 김우진(1897-1926)과 함께 몸을 던졌던 곳도 부관연락선이 지나가던 쓰시마 근처였어. 소설가 이병주(1921-1992)의 작품 『관부연락선』(1972)을 비롯해 그 무렵의 시대적 상황을 바탕으로 몇몇 문학작품이 현해탄과 부관연락선을 공간적 배경으로 하고 있지.

  그리고 일제강점기 당시의 일본 잡지와 서적을 통해 근대적인 사상을 접하게 된 시인 임화(1908-1953)가 현해탄을 건너가서 새로운 문명을 배워 오고자 하는 의지를 표명한 시「현해탄」(1936)은 '현해탄 콤플렉스'라는 평가를 낳기도 했지. 시의 일부를 인용할게. "(전략) 영원히 현해탄은 우리들의 海峽(해협)이다./ 삼등 선실 밑 깊은 속/ 찌든 침상에도 어머니들 눈물이 배었고,/ 흐린 불빛에도 아버지들 한숨이 어리었다./ 어버이를 잃은 어린 아이들의/ 아프고 쓰린 울음에/ 대체 어떤 罪(죄)가 있었는가?/ 나는 울음소리를 무찌른/ 외방 말을 역력히 기억하고 있다.// 오오! 현해탄은, 현해탄은,/ 우리들의 運命(운명)과 더불어/ 永久(영구)히 잊을 수 없는 바다이다. (후략)"

  반면, 시인 김용제(1909-1994)의 시「현해탄」은 일제강점기에 발표된 것으로 그의 시적 능력이 유감없이 발휘되어 감동을 주고 있어. 물론 김용제 시인은 후에 친일행적으로 논란이 된 인물이 되기도 했지만, 그때 그의 시는 일제에 강한 항거를 담아내고 있었어. "(전략) 오오 수만 명의 동포들이 이별의 눈물을 흘리며/ 작년 '조방(朝紡)'의 스트라이크에서 졌다/ 투쟁했던 불쌍한 누이들의 상처투성이 노랫소리가 울려 퍼졌다/ 우리들의 바다 현해탄은 웅성거린다/ 오오 언제나 저녁뜸을 모르는 현해탄의 거센 파도여!/ 우리들의 힘겨운 투쟁의 노래도/ 이 바다처럼 펼쳐지고 이 물결처럼 높아진다는 것을 알고 있는가? (후략)"

  친구여, 인용한 같은 제목의 두 편의 시「현해탄」에 나타난 역사적

공간으로서의 현해탄을 음미하면서 건너가거라. 더불어, 일본인의 문학작품에도 현해탄과 부관연락선은 작품의 공간적 배경으로 활용되었어. 한국인에게는 잘 알려지지 않은 일본인 시인 기쿠오카 구리(菊岡久利, 1909-1970)의「색동옷(色の衣裳)」(1938)이라는 시를 일부만이라도 들려줄게. 일본에서 살다가 시모노세키로 가는 열차를 타고 가는 조선 소녀의 얼굴과 색동 옷, 그리고 소녀의 표정을 기억하는 시인이 그녀를 향한 그리움을 전편에 풀어놓은 작품이지. "(전략) 그 소녀의/ 수심 어린 검은 눈과 긴 속눈썹/ 총명한 이마와 영리한 입술……/ 소녀가 아름다웠을 뿐 아니라/ 그보다도/ 그「때」가……그「공기」가/ 분명 내게/ 소녀를 사랑하고 싶게 해 주었는지도 모른다(후략)"

친구여, 지금은 현해탄, 부관연락선 혹은 관부연락선을 대한해협, 부관훼리호라고 부르고 있지만, 부관연락선에서 '부관'은 부산(釜山)의 '부(釜)'와 시모노세키를 나타내는 한자 하관(下關)의 '관(關)'을 따서 부른다는 것은 알고 있을 터.

친구여, 이런저런 아련한 기억의 공간인 현해탄을 건너가면 밤새 어둠과 안개와 달빛으로 견고한 새벽을 준비한 시모노세키항에 도착할 걸세. 즐거운 추억 많이 만들고, 잘 다녀오시게.

친구를 41년 만에 만났다

　추억이란 무엇일까. 기억이란 무엇일까. 그리고 그리움이란 무엇일까. 이들은 삶의 과정에서 우리가 반드시 마음속에 받아들이고 저장하고 있는 소중한 재료다. 추억과 기억과 그리움이 서로 따뜻하게 맞물려 호흡하고 있을 때, 우리는 행복하다는 느낌과 만족을 누릴 수 있다. 우정도 그렇게 우리의 마음속에 숨 쉬고 있을 것이라는 생각을 하며, 41년 만에 친구를 기다린다. 고교 동창생을 기다린다. 어떻게 변했을까 하는 기대와 설렘도 동행해 있다.

　다행히도 나는 그를 단번에 알아볼 수 있었다. 이내 이야기보따리가 꽃을 피웠다. 역시 41년이라는 공백을 허물어뜨린 데는 추억과 기억이 중심 역할을 했다. 그리움은 싱그러운 노래처럼 살아 움직였다. 이 순간, 그리움은 추억과 기억이 낳은 아름다운 선물이다. 즐거운 함성이다. 고교 때의 그 모습처럼 우리는 가을 들판에 핀 코스모스처럼 소담하게 웃었다. 대화를 이어갔다. 현재를 살아가고 있는 안부보다 까까머리 고등학교 시절의 추억과 기억으로 돌아가고 있었다.

당시 등록금을 내지 못해 고교를 자퇴해야만 했던 상황에서 나는 불청객으로 찾아온 폐결핵까지 앓고 있었다. 사면초가였다. 그런 슬픔을 위로받고자 찾아간 친구. 친구와 그의 어머니는 나를 따뜻하게 맞이해 주었다. 그 기억이 아직도 잊히지 않은 채 남아 있다고 하며, 어머니의 안부를 묻자, 아, 몇 년째 아프시다고 한다. 야속한 세월 앞에 인간이란 존재의 나약함을 느끼게 한다. 덧없음이 강물처럼 내 가슴 속으로 흘러들어왔다.

41년 만의 만남은 내가 기억하지 못하는, 그만이 간직한 기억과 추억이 있기 마련. 당시 내가 쓰는 한글 필체가 마음에 들어서 따라 써보고 싶었다는 친구는 지금도 그 필체를 기억하고 쓸 수 있다며, 고교생처럼 내 앞에서 글씨를 써 보인다. 그리고 내 글자의 특징을 구체적으로 설명해준다. 그래, 친구야, 내가 너에게 그런 존재로 남아 있다는 것만으로도 너무 고마울 뿐이다. 더불어, 고교 시절에 내가 '국민교육헌장' 전문(全文)을 한자로 써내는 것을 보고 놀라움을 감추지 못했다는 기억을 들을 때, 아, 그것은 분명 내게는 잊힌 것이었다. 그렇게 또다시 내가 갖고 온 나의 시집과 번역서에 친구의 이름을 한자로 써서 건네주는 것을 자랑스러워한다. 고마워한다.

한편으로 너무 미안한 일은 친구도 고등학교 때 아팠다는 이야기를 듣는 순간이었다. 왜 나는 그것을 기억하지 못하고 있었을까. 부끄러움이 밀려온다. 나를 채찍질해본다. 그리고 그가 대학 시절 겪었던 어려움에 아무런 도움이 되지 못했던 나를 되돌아본다. 그래도 잘 살아왔구나. 친구야, 짧지 않은 직장생활과 지난했던 삶에도 선한 인상과 적당한 흰머리와 주름, 그리고 아픈 데 없다는 건강은 자네가 가져온 최고의 선물이었다.

"사람이 친구를 사귀는 데는 분명한 과정이 하나 있는데, 매번 몇 시간에 걸쳐 이야기하고 이야기를 들어주는 것"이라는 영국의 작가 레베카 웨스트(Rebecca West, 1892-1983)의 말이 자연스레 떠오른다. 그래, 이제 친구는 그런 존재다. 그렇게 살아가자. 나이 한두 살씩 먹어가는 것을 막을 수는 없지만, 우리는 추억과 기억 속에서 그리움을 낳고 살아야 한다. 이 계절처럼 같이 익어가자. 만나서 즐거웠다. 또 만나자. 가을 들판에 핀 코스모스 같은 친구여.

환력(還曆)의 술자리

 4월 초의 어느 날 저녁, 벚꽃, 매화, 진달래, 개나리, 목련 등 도시 여기저기에 핀 봄꽃들의 향기를 가득 안고 세 명의 고교 동창생이 모였다. 저녁 식사 겸 술자리를 가졌다. 한 명은 한의사, 한 명은 올 초 명예퇴직한 전직 지리교사, 이 글을 쓰는 또 한 명은 대학에서 강의를 하는 사람. 세 사람 모두 환력(還曆)이다. 식탁에는 삼겹살, 막걸리와 더불어 오랜 서울 생활에도 꼿꼿하게 생명력을 잃지 않은 경상도 사투리가 차려졌다. 고기를 굽는 화로에서 뿜어져 나오는 열기와 함께 우리의 대화도 무르익어갔다.
 우선, 서울 공립 중고교 여기저기에서 38년간의 교직 생활을 마감한 친구의 열정과 사명감에 축하의 인사를 건넸다. 내성적이고 타인 앞에 나서는 것을 꺼리는 친구가 막걸리를 마시며 그간의 소회를 풀어낸다. 경북 영주에서 태어나 중학교를 마치고 대구로 가서 고교를 졸업하고 서울로 올라와 대학을 다닌 그는 그후 줄곧 교직에 몸담았다. 고교 때 맞닥뜨린 어머니의 죽음이 무척이나 힘들었다고 털어놓고 있었지만, 지금까지의 이력에 고마운 마음을 담고 있었다. 무엇보다 젊은 후배 교사들이 자신을 좋아하고 따라주었다며 그래도 잘 살아왔다는 자부심을 표현할 때, 나는 이렇게 화답했다. "자네가 천성이 착하고 남을 배려할 줄 알아서 그런 거야." 이런 친구는 사회에서 존경받아 마땅하다.

또한, '한의사니까 잘살아왔겠지'라고 생각했던 친구도 뜻밖에 어려운 시절이 있었다는 얘기를 듣고는 새삼 칭찬해주고 싶어졌다. 환력의 시간을 맞이한 우리에게 가볍고 허약한 삶은 없으리라. 경주의 포석정이 있는 동네에서 태어나고 자라서 중학교 졸업 후 대구로 왔다는 그에게 사업을 하던 시절이 있었다니. 그 힘겨웠던 날을 극복한 경험담은 또 다른 생각을 하게 된다. 늦장가를 간 탓에 아직 어린 남매를 둔 그가, "나는 우리 애들이 아직 어리지만 아무 걱정하지 않아."라는 말 속에는 낙천적이고 긍정적인 그의 세계관이 건강하게 자리 잡고 있었다. 이 친구의 말은 가끔 나를 깨우친다. 나도 평소 긍정적이고 낙천적인데, 세상을 살아가고 바라보는 시각은 나보다 더 따뜻하다. 현명하다. 해마다 처가에서 농사 지은 찹쌀을 보내주는 친구다.

봄밤은 깊어가고 환력의 술자리도 깊어간다. 과음을 하지 않던 친구들인데 또 다른 장소로 옮겨가며 술을 찾는다. 추억을 찾는다. 우정을 찾는다. 웃음을 찾는다. 사는 것은 여전히 힘든 일일까. 사는 것은 외로움을 이겨내는 과정일까. 이런저런 원초적인 질문들이 숫자를 더해가는 막걸리병과 함께 우리의 술자리에 동석한다.

그래, 친구들이여. 즐거웠다. 벚꽃, 매화, 진달래, 개나리, 목련 등 도시 여기저기에 핀 봄꽃들의 향기를 가득 안고 편안하게 돌아가시게. 따스해진 밤공기 속에서 중랑천 물소리가 들리지 않을 만큼 도시의 차들이 소음과 불빛을 쏟아내고 있는 늦은 밤 귀갓길. 여전히 바쁘게 발걸음을 재촉하는 나를 또렷하게 그려주는 가로등 그림자. 내 환력의 그림자 위로 활짝 핀 벚꽃 그림자가 겹쳐지고 있었다.

딸을 시집보내고

　며칠 전에 결혼한 딸의 방에 들어가 한참을 머물렀다. 책상과 의자와 책과 옷장과 화장대를 만져보았지만, 여전히 딸의 향기, 딸의 목소리는 텅 빈 방 여기저기에 남아 떠나지 못하고 있었다. 아, 그렇지. 시집을 갔지. 이젠 내 곁에 없지. 그렇게 생각하니 밀려오는 그리움은 어쩔 수가 없었다.
　그립다는 말의 깊이를 조금씩 느끼면서 30여 년 전 딸이 세상에 태어나 처음으로 딸을 안았을 때의 기억이 되살아났다. 그리고 자라면서 내 무릎에 앉았을 때, 처음으로 내 무릎에 앉았을 때, 그때의 뭉클하고 행복했던 기억도 떠올랐다. 사랑하는 딸이 내 무릎에 앉아 서로의 호흡을 함께 공유했던 그 느낌은, 그 따뜻한 호흡은, 이제 백년손님인 사위에게로 번져갔으리라.
　생각해보면, 너는 자라면서 작은 말썽 하나 부리지 않고 성실하게 살아왔다. 대학에 다니면서는 수석장학금을 받는 등, 무척이나 노력하는 시간과 함께했다. 성격도 온화하여 아버지에게 말대꾸 한 번도 하지 않았다. 집에 무슨 일 있으면 우리 가족은 너를 찾았기에, 장녀로서의 역할은 훌륭한 업적이었다. 그래, 고맙다. 아버지 어머니가 맞벌이하느라 잘 챙겨주지도 못했는데 이 사회를 아름답게 수놓는 공직의 길을 선택한 것도 고맙다. 그리고 미안하다. 딸이여, 그렇게 자라줘서 고맙다. 내 딸이여. 고맙다.

그래, 이제는 더 행복하여라. 서로 사랑하며 잘 살아라. 부부에게 사랑이 없으면 그 어떤 가치도 사라지는 법. 사랑은 특별한 미사여구가 필요하지 않단다. 사랑은 서로를 간직하는 것, 그 어디에 있던 서로에게 흘러가는 것, 그것을 간직하며 살아가기 바란다.

더불어 당부하고 싶은 것은 겸손하라는 것이다. 내가 인생을 살다 보니, 성공한 사람들의 비결 중 하나는 겸손한 태도라는 생각이 든다. 겸손은 단순히 자신을 낮추는 것이 아니라, 진정한 자기 인식을 하는 자세다. 살다 보면 세상에는 우리가 모르는 엄청난 지식과 경험이 우리의 삶과 함께하고 있다. 성공한 사람들은 그것을 자신의 성장과 발전에 수용한다. 겸손의 자세는 바로 성장과 발전에 큰 역할을 할 것이니, 꼭 실천해주길 바란다.

무엇보다 네가 좋은 사람을 인생의 동반자로 만났다고 생각하니, 내 행복과 즐거움은 한없이 커져만 간다. 사위를 아직은 많이 만나보지는 않았지만, 자꾸 만나다 보니, 아, 이 사람 참 봄 같은 사람이구나, 하는 느낌이 들었다. 따뜻하게 느껴졌다. 성품에서 봄꽃 같은 향기가 풍기니, 개화의 기운이 느껴졌어. 그래서 내 가슴 속에 '우리 사위는 따뜻한 소식'이다, 이렇게 저장해두었단다. 따뜻한 청년으로 그리고 매우 유능한 청년으로 키워주신 사돈 댁에도 꼭 고맙다는 말을 하고 싶다.

너의 결혼식을 올리기 며칠 전이 경칩이었지. 봄을 알리는 전령사인 개구리가 방방곡곡에 봄소식을 알리듯, 너희 부부에게도 꽃이 피는 삶이 이어지길 기도한다. 그리고 우리의 혼사에 정말 많은 분의 축하와 응원이 있었다. 과분한 사랑이었다. 살아가면서 그 은혜 잊지 말고 보답하는 삶이 되도록 하자. 지금은 나의 서재에도 봄 햇살이 밀려 들어와 내 글을 환히 밝혀주고 있는 삼월의 어느 날.

'나'를 번역한다

'나'는 누구인가. 이 세상의 유일무이한 존재. 이 고유명사가 벌써 환력(還曆)의 시간을 지나갔다. 정신없이 아등바등 살아온 삶의 이력이 여전히 일상을 지배하고, 나는 거기에 갇혀 허둥대고 있을 뿐이다. 이런 나를 어떻게 번역하여, 이 우주의 질서에 편입시켜야 할 것인가.

우선 '왜 이렇게 살아야만 했을까'에 대한 반성과 그 반성을 바탕으로 '앞으로는 어떻게 살아야 할 것인가'가 나를 번역하는 계기가 되고 첫 문장이 된다. 지금까지 나를 대신해 나를 번역해준 세상의 평가나 편견을 어떻게 받아들여야 하는가를 생각한다. 기댈 수도 없고 버릴 수도 없다. 혼란이 찾아온다. 그래서 나를 번역하기 위해 가장 중요한 장치와 수단은 '솔직함'이라는 것을 되뇐다. 그것이 내 붓의 먹(墨)이 되어야 한다는 다짐을 해본다.

다음으로, 부모에게 물려받은 것 혹은 조물주가 전해준 것으로, '나에게만 주어진 재능이나 장점, 그리고 단점이 무엇인지'를 헤아려본다. 그것들은 내게 기쁨과 슬픔을 주었다기보다는 살아가는 방식에 적용하고 적극적으로 활용하는 토대로 작용했다. 세상 헤쳐나가면서 난관을 극복하거나 좌절했던 이력의 바탕이 되었다. 나는 늘 이성적이고 세상에 필요한 존재가 되기를 꿈꾸었기에, 나의 재능이나 장점을 거기에 쏟아부으려고 노력했다. 그러나 가끔 '호불호'가 명료해서, 혹은 '정의와 부정의'를 분별하고자 하는 의욕이 앞서서, 세상과의 화합에 맞지 않은 적도 많았다.

덧붙여, 나를 번역하는 또 하나의 기본은 '세상에 소통되는 언어로 옮겨야 한다'는 것. 그 생각은 지금까지 여전히 유효하다. 앞으로도 변하지 않을 것이다. 내가 그 언어를 충실하게 옮겼을까 하는 생각에 앞서, 과연 나는 세상에 유통되는 언어를 얼마나 정확하게 알고 있었으며, 그러한 언어를 체득하기 위해 얼마나 노력하였는가를 헤아린다. 그리하여 나를 통해 번역된 언어가 이웃들에게 명료하고 편안하고 따뜻하게 전해졌을까를 반성해본다. 이런저런 기억을 들추어놓고 보면 적잖이 부끄러워진다. 내가 번역했던 언어에서 더러는 오역도 있었을 터. 아, 그 책임감에서 결코 자유로울 수 없는 '나'. 어찌 보면, 나의 번역은 나 자신의 완성도와 도덕성을 높이는 데도 충실하지 못했다. 이런 나를 앞으로 어떻게 번역하여, 이 우주의 질서에 편입시켜야 할 것인가.

밖으로 눈을 돌리니, 한파 속에서도 쉬지 않고 날아가는 철새들이 보인다. 저들은 자신들이 날아갈 길이 '얼면 안 된다는 것'을 알고 있으리라. 철새들이 비행하면서 공유하는 언어들의 핵심에는 '길은 개척하는 것'이라는 의지가 자리 잡고 있으리라. 내게도 아직 철새들의 저런 언어가 자리 잡고 있을까를 자문해보면서, 여전히 나의 번역은 줄탁동시(啐啄同時)를 꿈꾼다는 느낌을 지울 수 없다. 세상사에 대한 미련에서 벗어나지 못한 불완전한 문법에 갇혀 있다.

  한 해가 며칠 남지 않았다. "이런저런 아픔을 이겨낸 반듯한 의지에게 고맙고 든든하다는 말을 전하고 싶다"(「살아남았다는 것보다 흔들리며 살지 않았다는 것이 더 기쁘다」, 『사선은 둥근 생각을 갖고 있다』, 2021)는 자위(自慰)의 문장을 또다시 들추어내고 싶은 지금은 허공에 열린 길도 얼어버릴 것만 같은 동짓날 아침. 여전히 나의 번역은 도돌이표 같다.

외로움이 외로움에게 전하는 말

　나는 몇 년 전 출간한 산문집에서, "나를 둘러싼 주위의 사람들이나 지인들로부터 '전방위적인 활약을 펼치는 사람', '천성이 부지런한 사람'과 같은 과분한 칭찬을 듣기도 하지만, 그것은 좀 더 정확하게 말하자면, 내 근원에 존재하는 부지런함이 아니라 아무것도 가진 것 없는 사람이 세상을 헤쳐 나가기 위한 '몸부림' 같은 것이었다."(『진심의 꽃—돌아보니 가난도 아름다운 동행이었네』, 2021, 7쪽)라고 쓴 적이 있다. 지금에 와서 이 문장의 끝에 다시 살을 붙이고 싶다. '그리고 이 몸부림은 나 스스로 만들었고 세상이 만들어준 '외로움'을 견뎌낼 수 있었던 유일무이한 방법이었다'고.
　고백하건대, 외로움은 내 몸속에서 오랜 세월 동고동락해온 뿌리 같은 것이다. 일찍 세상 뜨신 부모를 둘러싸고 맞닥뜨린 내 성장 과정과 가난에서 발아한 탓에 청년기의 한때는 나의 지배자였다. 그런 삶을 헤쳐 나가기 위해 안간힘을 쓰던 자존심과 책임감이 외로움과 심하게 부딪치고 격돌했다. 내가 조금만 한가해지거나 나태해지면 외로움의 횡포가 내 일상을 무너뜨리기도 했다. 그럴 때마다 자존심과 책임감이 나를 일으켜 세웠다.

그렇게 아등바등 살다 보니, 이제는 아무것도 가진 것 없는 사람이 아니라, '조금은 가진 사람'이 되지 않았냐고 말하는 사람들이 생겨났다. 그래서 이제는 외로워하지 않아도 된다고, 그러나 가진 것의 유무는 별로 중요하지 않은 것 같다. 경제적으로 작은 여유가 생겨 내 몸이 한가해질 때도 외로움의 뿌리는 여전히 버릇처럼 꿈틀대고 있기 때문이다.

한번 뿌리 내린 뿌리는 영원히 없어질 것 같지 않다. 내 목숨이 붙어 있는 한 '운명공동체'다. 나의 여정은 이 뿌리가 더는 번식되지 않도록 하는 것. 그것인데, 어느 날, 문득, 외로움에 꽃이 피고 있다는 생각이 든 것은 외로움이 있었기에 나타난 나의 결과물을 바라볼 때다.

시인으로 번역가로 연구자로 만난 모든 재료는 적극적으로 외로움에서 벗어나려는 나에게 피란처를 제공해주었다. 그런 의미에서 "음악은 나의 피란처였습니다. 음표 사이의 공간으로 기어들어가 외로움에 등을 돌릴 수 있었습니다."고 말한 시인이며 영화배우였던 마야 안젤루(Maya Angelou, 1928-2014)의 생각과 동일 선상에 놓일지도 모른다.

더하여, 외로움에 핀 꽃, 그 꽃에 향기를 불어 넣어준 것은 부족한 나를 감싸 안으며 같이 호흡해온 아름다운 사람들이었다. 외로움을 극복하려고 했던 노력과 외롭지 않았으면 하지 못했을 것들 속에서 내가 만난 사람들은 모두 아름다웠다. 그들은 내게 외로움은 가지면 가질수록 사라지는 것이 아니라, 나누면 나눌수록 사라진다는 것을 알게 해주었다. 그때 내가 만난 사람은 모두 꽃이었고 향기였다.

어쩌면 우리는 모두 외로운 존재. 그래서 서로 부둥켜안아야 한다. 외로움이 과속을 하지 않으려면 이런 사고에서 출발해야 한다. 도시일수록 복잡할수록 짙게 내장된 외로움. 그 외로움을 서로 부둥켜안아야 한다. 나누면 나눌수록 사라지는 외로움의 성질을 익혀야 한다.

내가 여전히 이 세상을 헤쳐나가기 위한 '몸부림'은 그렇게 외로움을 껴안는 것. 오래 묵어 이미 내 속에서 뿌리내린 외로움도 그렇게 다스려야지 다짐해보는 오늘은 장마 속에서도 햇살이 드러나고 있다.

역도산과 김일, 그리고 도라지

프로레슬러로 명성을 떨친 역도산(力道山, 1924-1963)과 김일(金一, 1929-2006)이 있었다. 이제는 역사 속의 인물들이지만, 그들이 일본과 한국에서 프로레슬러로 펼친 활약은 그 시대를 살아온 사람들에게는 여전히 잊히지 않는 영웅처럼 그리고 전설처럼 살아 움직이고 있다. 뜻밖에도 이 두 사람 사이에는 도라지와 관련한 일화가 남아 있다.

오기 긴타로가 지금도 잊을 수 없는 장면이 있다. 순회 장소인 니가타에서의 일이다. 어떤 화제 중에 역도산이 "조선 요리에 기쿄 뿌리를 절인 것이 있다."라고 했다. 오기 긴타로는, '기쿄'가 뭔지 모르겠다고 말했다. 화장실에서 두 사람이 만났을 때 "기쿄를 몰라. 도라지를 말하는 거야."라고 배웠습니다. (중략)

3개월 전에 미국 수업에 나선 오기 긴타로는 스승의 임종을 지킬 수 없었다. 그는 결국 스승의 입에서 '나는 너와 같은 동포다.'라는 말

을 듣지 못하고 말았다. "도라지, 그것이 선생님의 입에서 들은 단 하
나의 조선어였습니다."

『조선 청년 역도산』(무라마츠 도모지 저/ 오석륜 역, 2004)에 나오는 이 글에
서 '오기 긴타로'는 김일이다. 그가 일본에 있을 때 쓰던 일본어 이름
이다. 그는 1958년 일본에 밀입국하였지만 곧장 체포되었고, 구치소
에서 역도산에게 편지를 부쳐, 일 년 후에 신원보증을 받았다. 물론
그전까지 한 번도 만난 적이 없었다. 그리고 역도산의 제자로 입문하
던 날, "각오하고 현해탄을 건너왔으니까 어떤 어려움이 있어도 참아
라."라는 말을 들었다고 한다. 역도산에게는 여러 제자가 있었기에 김
일과의 대화도 일본어였다.

역도산은 아마 같은 한국인으로서 김일에게 각별한 마음을 갖고
있었을 것이다. 그러나 겉으로는 그 마음을 나타내지 않았다고 한다.
제자 수업도 엄격했을 뿐 아니라, 일본어 발음도 엄하게 가르쳤기에,
'기쿄'가 도라지라는 사실을 화장실에서 둘이 되었을 때 가르쳤던 것.
그래서 김일은 "도라지, 그것이 선생님의 입에서 들은 단 하나의 조선
어였습니다."라고 말했는지도 모른다. 이 대목은 가슴 뭉클하게 다가
온다. 그리고 많은 생각을 하게 한다.

일본어의 기쿄(キキョウ)는 한자로 '길경(桔梗)'이라고 쓴다. 도라지를
가리키는 말이다. 한국이나 일본이나 도라지를 한자로 나타낼 때 똑
같이 쓰는 한자어다. 도라지를 검색하면, 한국어 사전이나 일본어 사
전이나 설명이 비슷하여, 공통으로 "한국, 일본, 중국에 분포한다."고

나온다.

　나는 가끔 도라지를 먹으며 역도산과 김일 두 영웅 사이에 있었던 도라지와 관련한 일화를 떠올린다. 그리도 이맘때 피어나는 도라지꽃을 발견하면 다가가 유심히 바라본다. 색깔은 하얀색과 보라색의 두 종류. 모양은 한결같이 별 모양. 너무 예쁘다. 한참을 쳐다본다. 도라지꽃처럼 별꽃이 된 역도산과 김일, 두 영웅이 보고 싶어진다. 특히, 내가 『조선 청년 역도산』을 출간하자마자 책을 들고 서울의 어느 병원에서 투병 중이던 김일 선생님을 찾아뵙던 일이 생각난다. 2004년 겨울의 어느 날이었다. 벌써 20년 넘는 세월이 흘렀지만, 나를 반갑게 맞이해주던 그의 모습이 쉬 잊히지 않는다.

　아, 보고 싶습니다, 하늘에서 별꽃이 되었을 김일 선생님.

2부

세상 나들이,
아름다운 사람들과 함께

다시, 횡성호수에서

늘 마르지 않는 침묵과 흘러갈 힘과

흘러갈 곳이 단단히 내장되어 있었기에

나는 그것을 호수의 수심이라고, 지혜라고,

호수가 품고 있는 영구불멸의 좌우명이라고, 부르고 싶었다

호수는 이웃으로 살면서 오랫동안 자신을 지켜본 산이

짙은 사색으로 발현한 자신의 그림자를 선뜻 꺼내주는 것이 고마웠다

아낌없이 그림자에 담긴 산의 영혼과 몸을 섞은 것은

그런 까닭이 있었기 때문. (후략)

  －「호수와 산처럼 서로를 껴안고 있었다」(『종달새 대화 듣기』, 2022)

몇 년 전, 맨 처음 이곳을 찾았을 때 횡성호수가 가진 매력에 빠져 이렇게 시로 풀어냈었다. 그리고 다시, 오늘. 아, 호수는 여전히 마르

지 않는 거대한 침묵이다. 지워버리면 안 되는 영구불멸의 좌우명으로 살아 움직이고 있다. 살아가면서 나날이 쌓고 있는 지식이 무슨 소용 있으랴. 내게도 저 마르지 않는 침묵과 흘러갈 힘이 존재하고 있을까. 그것을 묻고 또 묻는다. 그렇게 이 호수의 깊이에 귀를 기울이며 호숫길을 걸었다.

지금, 이 횡성호수가 펼쳐내고 있는 겨울 풍경에서 꽃처럼 피어나는 것은 윤슬이다. 한참을 바라본다. 윤슬은 겨울바람과 겨울 햇살과 호수가 조화롭게 빚어내는 노래 같은 것. 저 윤슬을 우리의 얼굴에도 우리의 가슴에도 담아낼 수 있다면 얼마나 좋을까 하는 생각이 스쳐간다. 오랜 세월 이곳에 터를 잡고 살았던 횡성군 갑천면 다섯 개 마을 실향민들의 그리움도 윤슬로 피어나고 있는 듯한 생각도 스쳐간다.

고개를 든다. 저 멀리에 펼쳐진 풍경에 사로잡힌다. 무엇보다 드문드문 남은 눈발의 흔적을 버리지 못한 산들이 절경으로 다가온다. 저 산들이 아름다운 것은 서로 중첩하여 전혀 허허롭지 않은 형세를 이루고 있기 때문이다. 어깨동무로 서로의 어깨를 감싸고 있기 때문이다. 산들의 자태와 역사가 유구한 음악을 연주하고 있는 걸까. 그 음악을 듣기 위해 산 쪽으로 달려가고 또 달려가는 거대한 호수 하나. 그렇게 이 횡성호수에서 발현하는 산과 호수의 합창이여.

오늘은 사십 년 이상을 만나온 고등학교 동창생 여섯 명이 함께한 동행이다. 합창하는 산과 호수, 그 정신을 새기면서 걸었다. 호수를 둘러싼 산처럼 서로의 마음을 보듬으며 걸었다. 서로서로, 잘살자, 건강 하자는 말을 주고받는 동안, 물에 비친 수많은 나무의 그림자와 산들의 그림자도 그리고 물결 위로 뛰어다니던 겨울바람도 갈 길을 멈추고 우리들의 대화에 스며들 것만 같았다. 횡성호수에서의 한때가 유유자적으로 흘러가는 것은 그 때문이다.

강원특별자치도 횡성군 갑천면 구방리 산164. 이곳이 횡성호수가 자리 잡은 행정구역상의 주소다. 1990년에 공사를 시작하여 2000년에 완공한 인공호수다. 호숫길을 걸을 때마다 '횡성호수에 잠긴 태기왕국의 꿈'을 비롯해 호수가 품고 있는 다양한 역사와 전설이 살아 움직인다. 역사와 전설은 시간을 거슬러 올라와 재미있는 동행이 된다. 횡성호수 입구에 자리한 '화성정(花城亭)', 그 누각의 현판에 쓰인 '정외팔경(亭外八景)' 하나하나를 살피러 가는 겨울 햇살처럼 우리의 시간은 따뜻하다. 그리고 기쁘다. 여전히 우리에게 다시 만나자는 약속처럼 반짝이며 배웅을 잊지 않는 수많은 윤슬.

오늘 다시 찾은 횡성호수는 여전히 마르지 않는 거대한 침묵이었다. 지워버리면 안 되는 영구불멸의 좌우명으로 살아 움직이고 있었다.

영주 무섬마을에서

　아, 허허롭구나. 누렇고 메마른 속살을 다 드러낸 백사장이여. 모래톱이여. 분명 내성천은 속으로 속으로 끙끙 앓고 있을 것이다. 늘 마을을 휘감아 돌던 습관을 가졌던 물줄기가 마을로 들어오는 통로인 외나무다리조차도 적시지 못하고 있기 때문이다. 입구에서부터 마을로 들어오는 곳까지 여기저기서 호소하는 갈증의 아우성. 가뭄은 좀처럼 풀리지 않을 것 같아, 은백색 백사장에서 놀다가 다가오는 바람도 까칠까칠하다. 바람과 바람이 부딪치는 소리도 이명처럼 허공에다 혼잣말을 되뇌고 있다.
　그러나 무엇보다 이 마을을 둘러싼 경관은 빼어나고 아름답다. 속세의 티끌을 다 씻어내 준다. 눈길 가는 곳마다 보는 이의 마음이 순식간에 빼앗겨버리는 마법에 걸린다. 다리를 건너기 전에 나를 보며 인사를 건넸던 진달래를 비롯해 소나무와 사철나무 등이 이룬 숲은 건강한 배경이다. 이곳을 선비마을로 불리게 한 자연경관으로 작용했으리라. 그렇게 오랫동안 내성천의 목청을 맑고 푸르게 휘감았을 터.

학을 부른다는 뜻의 '환학(喚鶴)'에, 도를 닦기 위해 만든 조그마한 집이라는 의미의 '암(菴)'을 붙인 환학암에서는 금세라도 학들이 모여들어 몇 세기 전부터 이곳에 터를 잡고 살았던 어느 선비의 글 읽는 소리를 흉내 낼 것 같다. 현대인이 잊고 살았던 고전과 그 아름다움이 불쑥불쑥 솟구친다. 절로 행복감에 젖는다.

지금은 꽃샘추위가 찾아온 3월 넷째 주 주말. 마을로 들어서니 섬계고택(剡溪古宅)을 비롯한 많은 한옥이 여전히 선비의 향취를 머금고 있다. 조금은 쌀쌀해진 날씨를 버거워하고 있을 것 같은 봄기운은 이미 이곳 선비 마을 여기저기에 꽃망울을 터트려 놓았다. 목련과 매화 등이 순서 없이 피어나 아름다운 풍경을 연출하고 있다. 봄의 전령사답게 예쁜 자태로 인사를 건넨다. 그 자태에 취하며 사진을 찍는다. 요 며칠간 계속 들이닥친 미세먼지와 잿빛 구름 완연한 날씨는 옥에 티다.

저 멀리 강가의 버드나무에도 움이 트고 있다는 것을 전해주러 온 몇 마리 새가 정답게 내 주위를 빙빙 돌고 돈다. 저 새소리를 담고 싶어 셔터를 눌렀더니, 이곳을 찾은 사람들의 목소리와 미소도 함께 사진 속에 자리 잡는다. 고택의 담장을 따라오다 발걸음을 멈춘 21세기의 시간도 찍힌다. 아, 봄바람이 이곳에 오래 머물고 싶어 하는 나의 바람(希)을 부채질한다. 붙들고 놓아주질 않는다.

경상북도 영주시 문수면 수도리. 여기가 무섬마을이 위치한 곳이다. '무섬'은 물 위에 떠 있는 섬을 뜻하는 '수도리(水島里)'의 순우리말 이름. 풍수로 보면, 매화꽃이 떨어진 모습을 닮은 '매화낙지(梅花落地)' 또는 연꽃이 물 위에 떠 있는 '연화부수(蓮花浮水)' 모양의 지형이다. 그것을 설명하는 마을 입구에 있는 안내문의 문장처럼, 곧 이 마을에도 꽃이 흐드러질 것이다. 꽃마을이 될 것이다. 그런 예감을 뒤로하고 길 떠나는 나를 한동안 따라오는 내성천 물줄기.

두물머리에서 '하나됨'을 생각하다

경기도 양평에 있는 '두물머리'에 다녀왔다. 금강산 골짜기에서 흘러내린 북한강과 강원도 태백 금대봉 기슭 검룡소에서 발원한 남한강, 그 두 개의 물줄기가 합쳐지는 곳이다. 그래서 붙여진 이름이 바로 두물머리. 한자어로 된 지명, '양수리(兩水里)'는 그런 뜻을 품고 있다. 양수리의 '수(水)'는 강을 가리킨다. 한강의 옛 지명이 '한수(漢水)'였음을 떠올리면 쉽게 그 의미가 다가올 것이다.

두물머리를 둘러싸고 여러 사람이 글을 남기고 있지만, 특히 "예서 만난 숫물 북한강과 암물 남한강,/ 음양의 조화는 하늘이 정한 이치이거늘/ 운우지정 나눈 끝에 옥동자를 낳았으니/ 일컬어 위대한 민족의 젖줄, 한강이어라!"라고 노래한 전영택 시인(1942–)의 시가 인상적이다. '운우지정(雲雨之情)'은 남녀 간에 서로 정을 나눈다는 뜻인데, 두물머리의 탄생을 '운우지정 나눈 끝에 낳은 옥동자'로 그려냈다는 점에서 그 발상이 무척이나 독특하고 재미있다. 인용한 시는 그의 시집

『두물머리의 사연을 아는가』(2004)의 표제작 「두물머리의 사연을 아는가」의 전체 6연 중에서 3연에 해당한다.

　북한강과 남한강, 두 개의 강이 서로의 강물을 데리고 오랜 시간을 흐르고 흘러 한곳에서 만나면 무슨 말을 하고 싶을까. 자신과 다른 곳에서 발원한 강물을 만나 바다로 흘러갈 것이라 생각하면, 분명 더 큰 힘이 생기리라.

　무엇보다 두 개의 강은 제각각 품고 있던 아름다운 풍광을 보고 흘러왔기에, 두물머리는 더 멋진 풍경을 펼쳐낼 것이다. 이런저런 생각이 들었다. 나도 그런 기대와 설렘으로 두물머리를 보고 싶었기에 이곳을 찾아왔던 것. 생각보다 많은 사람이 경치를 즐기고 있었다. 겨울바람도 불지 않아 나들이하기에는 좋은 날씨였다.

　대한(大寒)이 지나고 며칠 지나지 않았기 때문일까. 내 앞에 펼쳐진 두물머리는 꽁꽁 얼어붙어 있었다. 그리고 강 위에는 엊그제 내린 눈이 쌓여 있었다. 그야말로 설강(雪江)이었다. 한 폭의 산수화를 그려놓고 있었다. 온통 하얀색. 이런 설강을 보고 싶었을까, 겹겹이 둘러싼 채 이웃하고 있는 산들도 두 개의 강물이 만나서 서로의 안부를 묻는 속삭임을 들을 수는 없었기에 고요로 침묵하고 있는 것 같았다.

　설강이 주는 아름다움은 절경이다. 이렇게 설강을 만나는 것만으로도 운이 좋았다는 생각이 들었다. 이곳의 풍광을 조선의 화가 겸재 정선(1676-1759)은 '독백탄'으로, 이건필(1830-?)은 '두강승유도'로 각각 남겼는데, 만약 그들이 살아 돌아와 지금 펼쳐진 두물머리의 설경을 그림으로 그려내면 어떨까 하는 상상도 나를 자극하고 있었다.

한편, 이런 풍경과는 달리 잠시 바깥세상으로 눈을 돌려보면, 안타깝게도 우리는 인간이 뿜어내고 있는 세상 이야기에 한없이 지쳐가고 있다. 이럴 때일수록 두물머리에서 서로 만남을 가지는 남한강과 북한강, 그 두 물줄기처럼 사람들이 서로가 하나가 되어 운우지정을 나누면 어떨까 하는 생각을 해본다. 옥동자를 낳으면 금상첨화겠지만, 제각각 지닌 물줄기의 아름다움으로 만나 세상을 아름답게 꾸미는 풍경만이라도 연출했으면 하는 바람도 가져본다. 내가 지금 만난 이곳의 설경처럼, 이 한 철만이라도 세상이 온통 하얀색으로 숨 쉬는 공간이었으면 좋겠다.

　입춘이 다가오고 있다. 입춘은 한 해 24절기 중 첫째 절기다. 우리는 입춘이 되면 도농 어디에서건 집집마다 일 년 동안의 대길(大吉)과 다경(多慶)을 기원하는 입춘축(立春祝)을 대문이나 문설주에 붙이는 풍속을 가진 민족이다. 부디 올해에는 경사, 다복한 일이 펼쳐지기를 빌어본다. 비록 꽁꽁 얼어버린 두물머리에 서 있지만, 나는 알고 있다. 두꺼운 얼음장 밑에도 여전히 생명이 살아 움직이고 있다는 것을, 혹한의 계절을 버티고 있는 강 주변의 연꽃들도 꽃 피울 꿈을 꾸고 있다는 것을,

강화에서 연산군과 철종의 삶을 생각하다

조선 시대 연산군과 철종, 두 임금은 어떤 삶을 살았을까. 우리에게 익숙한 왕의 묘호(廟號)들이지만, 나는 강화에서 '연산군 유배지'와 철종이 임금이 되기 전 살았던 '용흥궁(龍興宮)'을 찾아 그들의 삶을 만날 수 있었다.

연산군 유배지는 강화군 교동면에 위치한 '개화정원'이란 공원 안에 있다. 개화정원에서 약간의 경사진 언덕을 조금 올라가면, '연산군 유배지(燕山君 流配址)'라는 비석이 보인다. 유배지를 한자로 쓰면 일반적으로는 '流配地'. 그래서 '流配址'라고 '지' 자를 '址'로 쓴 것이 다소 이채롭게 보일 수 있겠으나, '址'는 '터'라는 뜻이니, '流配址'는 '유배의 터'로 받아들이면 될 듯.

눈에 띄는 것은 연산군 유배지라는 글자 옆에 쓰인 괄호 속의 글자 '위리안치(圍籬安置)'. 귀양을 간 죄인이 그곳에서 달아나지 못하도록 가시로 울타리를 만들고 그 안에 가두어 둔 것을 뜻하는 말이다. 위리안치에서 우리에게 조금 생소한 한자어 '리(籬)'는 '울타리'를 가리킨다. 이곳에서 유배 생활을 하던 연산군이 두 달 만에 병사했다는 기록을 접하면서 위리안치의 끔찍함을 느끼게 한다. 임금으로 즉위(1494)하고 13년째가 되던 1506년의 일. 그의 나이 서른 살 때였다.

연산군을 얘기할 때마다 떠오르는 무오사화(1498, 연산군 4년)와 갑자사화(1504, 연산군 10년)는 많은 신진 사류를 비롯해 연산군의 생모 윤 씨의 폐비에 찬성했던 윤필상 등 수많은 인명을 앗아간 참극이었다. 중종반정으로 왕위에서 폐위된 그가 이곳 유배지에서는 무엇을 생각하면서 살았을까. 그를 에워쌌던 탱자나무 울타리 그 뾰족한 가시들이 그에게 죽음 혹은 고통을 강요했을까. 아니면 자신의 끔찍했던 삶을 돌아보게 했을까.

사람의 향기는 만리를 간다는 '인향만리(人香萬里)'라는 말이 있다. 연산군의 삶은 시공을 초월하여 천년만년 회자될 것이다. 살아생전 따뜻한 삶을 살아간다는 것, 아, 그것보다 더 소중한 가치가 어디 있을까. 새삼 깨닫는다.

한편, 조선 25대 왕인 철종(1831-1864)의 삶에서 자신이 왕이 되기 전의 삶을 살필 수 있는 곳인 용흥궁을 찾았을 때는 왕과 평민 사이의 극명한 삶의 차이가 무엇인가를 생각했다. 용흥군은 '왕이 흥했던(일어났던) 집'이라는 뜻으로, 철종이 왕족으로서의 예우를 박탈당한 채 강화에서 평민처럼 살았던 집을 후일 그가 왕위에 오르고 난 이후에 보수·단장한 곳의 이름이다. 강화군 강화읍에 있다.

철종의 삶과 관련하여 우리에게 익숙한 '강화도령'은 그가 왕위에 즉위하기까지의 이야기를 그린 1963년에 만들어진 영화 제목이다. 여기에서 유래하여 강화도령은 철종의 별칭이 된다. 드라마 '임금님의 첫사랑'(1976)도 그 당시의 철종과 그가 사랑했던 여인 '복녀'와의 삶을 다룬 것이다. 가수 박재란 씨가 부른 '강화도령'이란 노래(1968년 추정)에도 왕과 서민 사이의 삶의 이질성이 고스란히 녹아있는 느낌이다. 다음은 가사의 전문. "두메산골 갈대밭에 등짐 지던 강화도련님 강화도련님 도련님 어쩌다가 이 고생을 하시나요 음 말도 마라 사람 팔자 두고 봐야 아느니라 두고 봐야 아느니라 음지에도 해가 뜨고 때가 오면 꽃도 피듯이 꽃도 피듯이 도련님 운수 좋아 나랏님이 되셨구나 음 얼싸좋다 좋구 좋구 말구"

한양의 왕궁에 들어와서도 강화에서의 평민으로서의 일상을 그리워했다는 철종. 정치에 무지했고 외척인 안동 김씨 일파의 전횡에 시달리다 서른세 살로 생을 마감한 그가 만약 왕궁에 살지 않았다면 어떠했을까. 사랑하는 여인 복녀와 강화에서 살았으리라. 어느 것이 그의 삶에서 더 행복했을까.

'연산군 유배지'와 철종이 임금이 되기 전 살았던 '용흥궁'에서 '화무십일홍 권불십년(花無十日紅 權不十年, 열흘 동안 붉은 꽃은 없고 권력은 십 년을 지속하지 못한다는 뜻)'을 곱씹어본다. 연산군과 철종의 재위 기간은 각각 12년, 14년이었다.

강화 고려궁지(高麗宮址)를 거닐며

연경궁(延慶宮)아, 경령궁(景靈宮)아, 강안전(康安殿)아, 건덕전(乾德殿)아……. 몇몇 궁정과 건물들의 이름을 목놓아 불러본다. 그렇게 해본들 무슨 소용 있겠냐마는, 나의 이 외침은 아직도 몽골에 대한 항쟁 의지를 놓지 않은 채 왕궁을 떠도는 혼령들에게 작은 위로라도 해야겠다는 것이다. 오랫동안 여기에 터를 잡고 살았을 슬픔의 뿌리를 찾아보겠다는 뜻이다. 이곳에서 몇백 년 동안 터를 잡은 채 살아가는 느티나무도 후세 사람들의 이런 외침을 귀담아들었으리라. 아물지 않는 상처가 생각날 때마다 새로운 잎을 틔우며 높이 높이 허공으로 달려간다. 하늘에 닿을 듯한 기세다. 가지들을 튼튼하게 담금질하려고 습관처럼 햇살들을 불러 모으는 것도 그 때문이다.

명위헌(明威軒) 안쪽까지 둘러보고 다시 발걸음을 재촉하는 바람과 외규장각(外奎章閣)에서 이런저런 글들을 읽다가 화를 못 참은 바람이 나와 일행들의 볼을 스치고 간다. 종각에서 숨 쉬는 종이 여전히 이런

바람들만으로 자신을 칠 수 없다는 듯 요지부동이다. 출구 쪽에는 살구나무에서 떨어진 살구가 어지러이 흩어져 있었다.

　6월의 어느 날, 나는 강화에 있는 고려궁지를 보며 그 소회를 이렇게 적어보았다. 고려궁지는 고려 시대의 궁궐터를 가리키는 말. 고려가 몽골군의 침략에 대항하기 위하여 수도를 개경(지금의 개성)에서 강화로 옮긴 고려 고종 19년(1232)부터 다시 환도한 원종 11년(1270)까지 39년간 궁궐로 사용된 역사의 현장이다. 고려 궁정의 건물로 본궁인 연경궁, 강안전, 경령궁, 건덕전 등 여러 건물이 있었으나, 안타깝게도 현재는 모두 없어지고 남아 있지 않다. 개경으로 환도할 때 몽골이 성곽 모두를 파괴할 것을 요구하였기 때문이다. 나는 이곳에서 몽골에 항쟁하던 인내와 슬픔과 그 허허로움을 상상하였다.

　여기서 잠깐, 당시의 임금인 고려 23대 고종(1192-1259) 때로 돌아가보자. 그는 고려왕조 34명의 국왕 가운데 재위 기간이 가장 길었다. 총 45년 10개월. 그러나 고종은 재위 기간 내내 실권을 장악하지 못했던 명목상의 임금으로 평가받기도 한다. 당시는 최충헌에서 최우 등으로 이어지는 무신 집정자들이 국왕을 압도하며 권력을 휘두르고 있던 시기. 거기에 더하여 밖으로는 동아시아 국제정세의 격동에 휩쓸렸다. 여진족과 거란족의 침입, 그리고 1231년부터는 거의 30년 동안 몽골의 침입을 견뎌내야 했다. 무엇보다 자신의 둘째 아들을 몽골에 보내야만 했다. 보는 시각에 따라서는, 고종은 고려 시대 전체 역사에서 안팎으로 가장 고난을 겪었던 때였다고 볼 수도 있다.

한편, 고려 고종과 같은 묘호를 받은 조선의 군주도 고종. 능호도 한자까지 같은 '홍릉(洪陵)'이다. 두 임금 모두 재위 기간이 40년 이상이고, 수명도 만 67세였다는 점은 흥미롭게 읽히지만, 무엇보다 재위 내내 외세의 침략에 시달렸다는 슬픈 공통점이 있다. 또한 아들인 원종과 순종도 외세의 지배를 받는 시대인 원나라 간섭기와 일제강점기를 겪었다. 역사의 비극이 아닐 수 없다.

강화에 있는 고려궁지를 둘러보며, "명위헌(明威軒) 안쪽까지 둘러보고 다시 발걸음을 재촉하는 바람과 외규장각에서 이런저런 글들을 읽다가 화를 못 참은 바람이 나와 일행들의 볼을 스치고 간" 것과, "종각에서 숨 쉬는 종이 여전히 이런 바람들만으로 자신을 칠 수 없다는 듯 요지부동"이었던 것은 고려 시대에 이어 조선 시대에도 혼란했던 내치와 외세의 침략에 시달렸던 우리 역사의 슬픈 그림자가 나를 드리웠기 때문이다. '그래, 힘을 길러야 한다.' 그런 생각이 나를 떠나지 않는 날이었다. 동행하며, 가르침을 주신 강화역사문화연구소장 김형우 선생님께도 감사를 드린다.

강화 평화전망대에서

 전망대에 설치된 망원경에 눈을 대고 있는데, 아, 송악산이, 저 멀리 보이는 송악산이, 얼굴을 들고 힘차게 양팔을 흔들며 금방이라도 도강해올 듯한 자세로 달려올 것 같았다. 개성에서 남쪽으로 오는 길을 묻는 것 같았다. 그런 송악산의 의지를 알아차리고 이 일대를 흐르는 한강과 임진강과 예성강은 지금, 아름다운 겨울 풍경을 연출하고 있다. 강이 아름다운 고장이라서 강화(江華)인가.
 남과 북의 거리는 불과 2킬로미터 남짓. 이정표처럼 남으로 흘러오는 강의 흐름에 봄을 재촉하러 온 겨울 햇살들이 동조하고 있다. 윤슬들이 따사로운 경관을 펼치는 것은 그 때문인가. 혹독한 추위를 견뎌낸 강의 심장을 위로하고 있다. 남쪽에 머무르며 담아냈던 안부를 부리에 물고 북쪽으로 날아가는 몇 마리 철새의 날개에 바람이 편승하여 길을 서두른다. 지금은 북한이 된 땅이지만 한국전쟁 전에는 서로 오갔던 동네였다. 사람들이 자전거를 타고 가고, 또 몇몇은 모여 어디론가 이동하는 모습도 망원경 속으로 빨려 들어온다.

그리고 나는 고려 때, 몽골 침입에 항쟁하며 개경에서 이곳 강화로 천도를 감행했다는 역사를 소환한다. 고려 시대 대외무역의 중심지로 예성강 하구의 무역항이자 요충지였던 벽란도가 이곳에서 그리 멀지 않은 곳에서 우리들의 그리움을 자아낸다. 수많은 외국 상인들이 드나들며 주고받았던 외국어는 지금도 그 흔적을 찾아볼 수 있을까. 그곳에 있었다고 전해지는 벽란정(碧瀾亭)은 여전히 매력적인 풍경을 감상하고 있을까. 이런저런 상상이 강을 타고 흘러간다.

더불어, 조선 시대 왕족들의 유배지로 기억되는 교동도도 그리 멀지 않는 곳에 위치해 있어 그 역사 속으로 들어가고 싶어진다. 금세, 내 마음은 그곳을 살피는 충동으로 발전한다. 우리에게는 폭군으로 인식되는 조선의 제10대 임금 연산군이 이곳에서 유배되었다가 사망했고, 광해군도 제주도로 유배되기 전 여기서 잠시 지냈다는 기록에 그들이 이곳에서 지냈던 날들을 떠올려본다. 그 밖에, 임해군, 영창대군, 능창대군, 숭선군, 익평군, 화완옹주, 영선군(고종의 조카 이준용) 등이 여기에 유배되었다고 하는 자료를 바탕으로 생각하면, 교동도는 유배의 땅이었던 셈. 물길이 험해서 탈출하기가 쉽지 않았을 거라는 지리적 특성이 작용했으리라. 또한, 고려 말에서 조선 초의 학자였던 이색 선생이 교동도에서 시를 쓰며 수양을 했다는 사실(史實)은 이곳의 역사성과 아름다운 산수를 말해주는 듯하다.

휴전선의 남방 한계선, 여기에도 봄이 오고 있다. 곧 꽃이 피리라. 황해도 땅과 강화 땅을 오가며 서로의 소식을 전해주던 새들이 이곳

철책에다 둥지를 틀지도 모른다. 송악산도 벽란정도 이곳을 그리워하고 있으리라. 불과 2킬로미터 남짓한 남과 북의 경계선을 품고 있는 포물선이 북한 사람들이 타고 가는 자전거 바퀴 소리마저도 빨아들일 것만 같다. 그렇게 나는 이곳 강화평화전망대에서 한참을 머물렀다, 딸꾹질이 멈추지 않는 어린아이처럼.

겨울 바다에서 파도는 웃음이다
― 정동심곡 바다부채길을 걸으며

　겨울 바다에서 파도는 웃음이다. 먼바다에서 뭍까지 달려왔다는 완주(完走)의 안도감 때문일까. 파도의 포말은 웃음을 터트리는 행위고 표현 방식이다. 미소가 아니라 폭소라며, 거친 삶에서 길러진 바다의 영혼이 비로소 자기 고백을 하는 것이다. 힘겹게 살아온 삶일수록 사라질 때는 웃음이어야 한다는 파도의 철학이 춤을 춘다. 웃음으로 춤을 춘다. 그런 파도를 따뜻하게 감싸안는 정동진 앞바다의 해안선.
　그 파도를 지켜보며 사람들도 웃는다. 그 웃음을 보려고 이곳까지 찾아온 사람들의 얼굴에도 번지는 웃음이여, 웃음이여. 하얀 치아를 드러낸 사람들의 얼굴이 안개꽃 같다. 파도를 맞은 사람들의 웃음소리가 흩어져, 흩어져, 파도의 웃음소리와 사람들의 웃음소리를 독차지하며 해맑게 웃는 허공. 건조주의보가 내려진 탓일까, 바람도 멈춰서서 웃음들을 모으려고 안간힘을 쓰고 있다.
　파도의 일부는 바다와 맞닿은 나지막한 산으로도 달려갔다. 그동안 해안경비를 위한 경계근무로 피로해질 대로 피로해진 철조망을 헤쳐 나가고 있었다. 힘겹게 올라간 파도들, 그리고 갈매기가 물고 있다가 떨어뜨리고 간 난바다의 소식들이 봄이 되면 여기에도 싹을 틔우리라. 생명체들을 웃게 하리라. 그렇게 태어난 꽃이든 풀이든 나무든 작은 짐승이든 겨울 파도가 남긴 웃음을 기억하리라.

걷다 보니 몽돌해변이다. 이 겨울 파도의 웃음을 돌로 간직했기 때문일까. 여기에 모여 사는 돌들은 한결같이 둥글다. 몽돌이란 모가 나지 않고 둥글다는 뜻이니, 저 돌들을 모아 작품을 만든다면 미소 가득한 인물화가 가장 잘 어울릴 것 같다는 생각을 했다. 그 인물화에 사람들의 웃는 얼굴을 넣어달라고 부탁하러 오는 미세한 바닷바람. 불현듯, 아득한 옛날을 그리워하는 해안단구에서 내 전생도 웃고 살았던 삶이었는지 묻고 싶어진다.

고려의 강감찬 장군이 소환되어 재미있는 전설을 간직한 '투구바위'와 '육발호랑이'가 안내한 길을 따라 걷다 보니 어느새 등대. 이 등대도 쉼없이 겨울 파도의 웃음이 도착할 때마다 따스한 불빛으로 화답했으리라. 바다를 내려다보니 역시 파도의 웃음은 호탕하다. 이곳을 찾는 사람들도 저 웃음을 배워가면 된다. 정신없이 아등바등 달려온, 숨가쁜 질주로 살아온 사람들이여. 웃음으로 긴 여로를 푸는 파도의 삶을 배워라. 배워라.

230만 년 전의 지각변동을 살필 수 있는 이곳에서, 바다를 향해 부채를 펼쳐놓은 듯한 이곳에서, '나'라는 파도도 웃음이었으면 좋겠다는 생각을 하며 발걸음을 옮기니, 벌써 심곡항이다. 산책을 마친 사람들이 풀어놓은 웃음이 파도처럼 젖어가는 정동심곡 바다부채길. 그리고 그런 파도를 따뜻하게 감싸안는 정동진 앞바다의 해안선.

이 가을, 나는 붉어지고, 붉어지고
― 속리산 법주사에서

'세속을 벗어나라(俗離)'는 메아리처럼 단풍은 번지고 번져, 여기 붉은 꽃밭을 이루어놓았다. 단풍 하나만으로 극락인 듯한 속리산 법주사 가는 길. 고찰(古刹)로 향하던 안개도 짙고 넓게 그리고 편안하게 발걸음을 재촉하여 단풍의 나라로 귀의(歸依)하니, 덩달아 나도 붉어져, 붉은 꽃이 된다. 붉은 마음이 된다. 법주사에서 마중 나올 법한 목탁 소리 들리지 않아도, 이 붉은 꽃, 붉은 마음이 법(法)의 바탕으로 채색된다.

'부처님의 법이 머물렀다'는 뜻에서 법주사(法住寺)라 명명하였다는 신라 시대 때부터 내려오는 전설을 마음에 담고 산사 여기저기를 살피러 다니는 가을 햇살. 햇살이 대웅보전(大雄寶殿)을 품고 있는 그늘에 손을 내민다. 그리고 그늘의 손을 잡는다. 합장이란 이런 것이다. 나도 그 합장에 손을 내밀었더니, 세속에 찌들었던 거친 삶과 다망(多忙)했던 날들의 기억과 차안(此岸)에서 살찌웠던 긴장이 조금씩 사라져

간다.

두 손 모으는 것만으로 편안해진다. 여기에 와서도 삶이 무엇인가를 고민할 필요는 없다. 그냥 머물러 있으면 된다. 그냥 느끼면 된다. 그런 생각을 하고 있을 때, 기이한 자태로 다가오는 5층 목탑. 팔상전(捌相殿)이다. 발걸음을 멈추고 들어가본다. 석가모니의 일생을 여덟 장면으로 구분하여 그린 팔상도(八相圖)가 신비하게 다가온다. 탄생에서 열반에 들기까지의 여덟 가지의 삶이 상상의 날개를 펼치는데, 순간, 법주사의 역사도 팔상도로 펼쳐지고, 내가 살아온 삶도 팔상도로 펼쳐지는 것이 아닌가.

그리고 수많은 가르침을 지켜온 절의 마당을 거닌다. 쌍사자 석등, 금동미륵불, 석련지, 철솥 등을 마음에 담아낸다. 이제는 부질없는 데 마음을 뺏기는 일은 하지 말아야겠다는 다짐을 하며, 저 멀리 속리산의 능선과 봉우리들을 바라본다. 저들은 침묵과 침묵으로 서로의 안위를 챙겼을 것이다. 만겁(萬劫) 변함없이 제 본분을 지켜온 저들의 절개가 곧 산의 높이, 산의 깊이가 되었을 것이다.

법주사 세조길은 "조선의 7대 임금 세조가 복천암에 있던 신미대사를 만나기 위해 사은 순행한 길이자 피부병에 걸린 세조가 요양 차 속리산을 왕래했던 길이었다"고 붙여진 이름이라는데, 그가 이곳에 와서 얼마나 피부병 치료에 도움을 받고 갔을까. 역사는 승자의 기록이지만, 아마도 그는 여기에 와서 '세속을 벗어나라(俗離)'는 가르침은 얻지 못했을 것 같다. 피부병과 함께 마음의 병이 있었던 그의 생애를 통해서 보면, 과연 무엇을 치유하고 돌아갔을까.

부처님의 가르침이 머물렀다는 뜻을 가진 법주사에서 이 세상에 저절로 붉어지는 것은 아무것도 없다는 생각과 '세속을 벗어나라(俗離)'는 가르침으로 이 가을, 나는 붉어지고, 또 붉어지고.

두타연(頭陀淵)에서 '경계'의 의미를 생각하다

인간에게 '경계(境界)'란 무엇인가. 갈 수 없는 곳이란 뜻일까. 가고 싶어도 못 간다는 뜻일까. 이곳 두타연(頭陀淵)에서 경계의 의미를 생각한다. "강원도 양구군 방산면 두타연로 297. 민간인 출입 통제선 안에 위치하여 출입 허가를 받아야 한다. 여기서 금강산까지는 불과 32킬로미터"라는 안내문에서도 경계는 서슬 푸르게 살아 움직였다. 여전히 낯선 명령 같은 것이었다.

그렇다. 두타연은 남과 북의 경계에 위치한다. 천혜의 자연이 고스란히 보존된 것은 한국전쟁 후 남과 북의 사람들이 더이상 넘어가서는 안 되는 곳이 되었기 때문이다. 그래서 슬픔의 경계가 된 곳이다. 이데올로기의 경계가 된 곳이다. 경계의 사전적 의미는 '사물이 어떠한 기준에 의하여 분간되는 한계'. 하지만 불교에서 말하는 경계는 '인과(因果)의 이치에 따라 스스로 받는 과보(果報)'라는 뜻이다. 왠지 이곳에서는 과보의 그림자들이 희미하게 우리 인간들을 적시고 있는 것 같았다.

　그러나 눈으로 직접 본 두타연은 뜨겁다. 남과 북의 물줄기들이 서로 반갑게 만난다. 남과 북의 구름들도 만난다. 그들끼리 반갑게 껴안는 모습을 포착한 하늘이 푸르른 것도 그 때문. 첩첩산중을 빠져나온 유월의 바람도 유월의 햇살도 구름에 안긴 채 고요히 흘러간다. 인간이 만들어 놓은 비정한 경계선을 무너뜨리며 서로 정을 나눌 것만 같은 동물들도 이곳 어딘가에서 우리들의 목소리를 귀담아들을지 모른다. 그렇게 생각하면 이곳 두타연은 사람과 자연, 사람과 동물, 동물과 동물, 자연과 자연이 만나는 뜨거운 곳이다. 사람과 사람이 만나는 날을 기다리는 두타연의 그리움은 언제쯤 풀릴까.

　한국전쟁에서 치열한 전투 끝에 돌아가신 영령들을 위로하는 양구 전투위령비를 지나니, 전쟁터에 남은 것들로 꾸민 듯한 조각공원이 나를 반긴다. 두타연이라는 이름의 유래가 된 두타사는 지금은 사라진 절. 두타는 의식주에 대한 집착을 버리고 심신을 수련하는 것을 뜻하는 불교 용어다. 마침내 깊이를 알 수 없을 정도의 폭포 하나가 내 가슴을 시원하게 뻥 뚫어주니 이름하여 두타연. 폭포 바로 옆에 위치한 커다란 동굴에서는 오랜 시간의 향기가 풀려나올 것만 같다. 풀려나온 시간이 두타연의 물속에 몸을 담그는 형상을 사진으로 남기려 하자, 울창한 숲을 이루는 물푸레나무, 생강나무, 산사나무 등이 사진 속으로 걸어들어왔다. 함께 사진을 찍은 셈이다. 정해진 길을 따라 유월 하순의 햇살을 끌고 다닌 지 1시간 10여 분 정도, 온몸에서는 땀이 흘렀지만 기분만은 상쾌. 상쾌. 상쾌.

지금은 갈 수 없는 곳, 가고 싶어도 못 가는 곳. 두타연의 그리움은 바로 이런 것이다. 나는 이런 슬픔의 경계, 이데올로기의 경계를 박차고 날아오르는 한 마리 새가 되고 싶었다. 의식주에 대한 집착을 버리고 심신을 수련하는 한 마리 새가 되고 싶었다. 귀를 막고 마음을 열어보는 연습을 하고 싶었다. 두타연이 나에게 주문하는 것이 무엇인가를 생각하며, 나는 버스에 몸을 싣고 서울로 향하였다.

목포

지금까지 살아오면서 목포에게 썼던 내 마음의 편지는 부치지 못한 편지였다. 짝사랑이 숨 쉬는 연서 같은 것이었다. 코스모스 같은 손을 가진 목포의 여인, 그 여인이, 어찌 이제야 오셨나요, 아무리 아등바등 사는 삶이었다지만 진즉에 한 번 다녀가셨어야지요, 하며 내 낯선 얼굴을 어루만져주는 것 같았다. 내 설렘을 다독여주는 것 같았다. 그렇게 목포를 처음으로 찾아온 나를 역까지 마중 나온 유달산의 뫼바람이여. 다도해의 뱃고동 소리여. 그리고 오랜 역사의 숨결이여.

반가웠다. 낯선 거리는 오히려 낯설지 않은 친밀감을 품고 있었다. 근대역사관으로 가는 길은 익숙한 풍경처럼 나를 잡아당겼다. 서울에서 품고 온 긴장이 조금씩 풀리고 있었다. 하지만, 일본영사관 건물이었고 동양척식주식회사 건물이었던 근대역사관 1관과 근대역사관 2관에서는 일제강점기를 견뎌야 했던 목포의 근대사가 그려져, 또다시 찾아오는 긴장, 긴장…… 어찌할 수가 없었다. 일제의 흔적인 적

산가옥(敵産家屋)이라며 유달초등학교를 가리키는 가을 햇살을 받으며, 맛집이라며 소개해주는 곳에서 만둣국으로 허기를 달랬다.

그리고 향한 곳은 유달산. 어찌 이 산은 기암괴석이 많을까 하는 생각을 했다. 유달산이 제 속살을 감추려는 것인지, 아니면 기암괴석이 제 속살이라고 자랑이라도 하는 것인지 알 수 없었다. 하지만 노령산맥의 맨 마지막 봉우리에서 내려다본 목포는 바다로 도시가 흘러가고, 도시로 바다가 흘러오고 있었다. 바다와 도시의 소통은 그리움이 그 바탕이리라. 나는 그렇게 다도해의 뜻과 목포의 알살을 살피고자 해상케이블카를 탔다. 국내 최장길이 총 길이 3.23킬로미터. 고하도에 내려 직접 바닷길을 걷는데, 바닷바람이 자꾸 말을 걸어왔다. 산다는 것도 여행이 아니던가, 왜 이제야 목포를 찾았냐고.

우리 귀에 익숙한 곳인 삼학도로 간 것은 둘째 날. "한 청년을 사모한 세 여인이 죽어 학이 되었고, 그 학이 떨어져 죽은 자리가 섬이 되었다"는 삼학도의 전설을 흥미롭게 읽으며, "사공의 뱃노래 가물거리면 삼학도 파도 깊이 스며드는데 부두의 새악씨 아롱 젖은 옷자락……"을 흥얼거렸다. 나는 목포 출신 가수 이난영 선생과 그녀의 노래 '목포의 눈물'을 좋아한다. 가끔 부르기도 한다. 난영공원에 세워진 '목포의 눈물' 노래비에서 사진을 찍은 것은 그녀와 또 그 노래와 함께하고 싶었기 때문. 나도 저 노래처럼 긴 생명력을 가진 작품을 남겨야겠다는 생각을 해봤다.

무엇보다 목포 여행에서 가장 감명 깊었던 일은 국립해양문화재연구소를 찾은 것. 바닷속에 잠겨 있는 수중 문화유산을 발굴하여 전시한 현장에서 나는 삼국 시대와 고려 및 조선의 사람들, 그리고 중국 원·명의 사람들과 시공을 뛰어넘어 만날 수 있었다. 그 기쁨에 요동치는 상상력으로 가득 찬 한 마리 바닷새가 되어 있었다.

　지금까지 살아오면서 목포에게 썼던 내 마음의 편지는 부치지 못한 편지였다. 짝사랑이 숨 쉬는 연서 같은 것이었다. 그 편지를 펼쳐 보이자, 마치 코스모스 같은 손을 가진 여인이 감미롭게 내 편지를 읽어주는 듯한 목포여. 내 낯선 얼굴을 어루만져주는 듯한 목포여.

'제주 송악산'을 노래하다

　여기는 인계(人界)인가, 선계(仙界)인가. 인간의 상상력으로는 꿈으로는 감히 그려낼 엄두를 내지 못하였기에, 아득한 옛날, 하늘이 신선에게 베풀어준 공간일 것이다. 그리고 그 신선들이 하늘에 고하여 인간에게 송악산 접근을 허용했을 것이다. 송악산만으로는 인계일지 모르나, 송악산을 흠모하여 늘 구애하듯 몰려오는 바닷물결이 어우러진 탓에 선계라고 해야 마땅하다. 주변의 자연들도 송악산을 기웃거리며 스스로 절경을 만들어냈으니, 아, 장관이다. 아니 장관이라는 표현보다 더 품격 높은 용어는 없을까를 고민하고 또 고민하였다.

　송악산에 서 보면, 높이의 고저(高低)가 산의 위용에 중요한 기준이 될 수 없다는 생각이 든다. 해발 104미터에 불과한 것도 신선이 우리 인간과 가까워지려는 의지를 갖고 있었기 때문이 아닐까. 그것은 신선이 하늘의 뜻과도 소통하는 존재였다는 방증이리라.

　산이수동 포구에서 해안을 따라 걷다 보면, 간간이 불어오는 바람이 하늘과 신선과 인간이 서로 한데 어우러져 있다는 것을 전해주는 듯하다. 나는 묏바람과 바닷바람에 몸과 마음을 맡긴다. 펼쳐진 절경은 '천심과 민심'이 빚어낸 걸작이라는 데에까지 상상이 미친다. 가파도와 마라도가 이곳에서 분가한 터처럼 송악산을 바라보고 있는 것도, 지척에 형제섬이 자리 잡은 것도 그러한 상상에 동의했기 때문이 아닐까.

제주특별자치도 서귀포시 대정읍 상모리 245. 이곳을 거주지 주소로 삼아 우주와 세상과 사람과 더불어 살아온 송악산은 기생화산(寄生火山)이다. 큰 화산의 중턱이나 기슭에 형성된 작은 화산으로, 주 화산의 화도(火道)가 갈라지거나 위치가 변해서 생겼다는 뜻이다. 꼭대기에 이중분화구가 있다. 오름절벽에 부딪치는 절(물결의 제주 방언)이 울리는 소리가 범상치 않아 절울이오름, 혹은 한자로 저별이악(貯別伊岳)으로 불리기도 한다. 송악산은 소나무(松)가 많이 자라는 오름이라는 의미다.

서로 어깨동무한 산바람과 바닷바람이 이제 막 피기 시작한 연보랏빛 수국에게 다가가 몸을 비비고, 해송 산림욕장의 속살을 간지럼 태우러 쉼 없이 드나드는데, 일제강점기 때 만들어진 동굴 진지를 만나서는 한 번씩 심한 딸꾹질을 하는 것 같았다. 방목된 말들이 평화롭게 풀을 뜯는 경치에 운치를 더해주려고 제 몸을 불태우는 노을이 환하게 세상을 향해 중얼거리고 있었다. 그것을 사진으로 찍으라며 마음에 담아가라며 인간에게 허용한 극단의 아름다움이여,

송악산에서, 아니 절울이오름에서 나는 여전히 여기가 인계인지 선계인지를 분간할 수 없는 시간을 보낸다. 송악산을 둘러싸고 사람들이 알지 못하는 전설이 여전히 사철쑥처럼 부처손처럼 자라고 있을 것만 같은 이곳에서 나는 장관이라는 표현보다 더 품격 높은 용어는 없을까를 고민하고 또 고민했다. 유월 초순의 어느 날이었다.

'삼별초(三別抄)'는 오키나와로 갔을까

얼마 전 제주도로 여행 갔을 때, 문득 삼별초(三別抄)가 생각났다. 고려 때인 13세기 후반 몽골 침략에 마지막까지 저항하던 삼별초의 최후 항전지가 제주도였기 때문이다. 삼별초는 고려 무신정권에 탄생하여, 특히 대몽골 항전 때 큰 활약을 했던 부대의 명칭이다. "삼별초는 독자적으로 정부를 세우고 정부와 원에 대항하여 진도(珍島)를 본거지로 삼아 3년 동안 싸우다가, 1273년 고려·몽골 연합군의 공격을 받아 섬멸당했다"와, "삼별초가 제주도에서 완전히 토벌된 것이 아니라 더 남쪽으로 가서 살았다"는 이견(異見)이 존재하기에, 나는 삼별초의 행적에 대해 궁금증을 갖고 있었던 터. 그래서 일본 사이트에서 찾은 문장을 흥미롭게 읽었다. 다음은 그 내용을 번역한 것이다.

"20세기 후반 오키나와현 우라소에시(沖縄県浦添市)에 있는 류큐왕국 시대(琉球王国時代)의 왕릉인 우라소에요도레(浦添ようどれ)에서

고려 기와가 발굴되었다. 이 기와의 문양은 삼별초가 한국의 진도(珍島)에 축조한 용장성(龍藏城) 터에서 출토된 기와의 문양과 유사하다. 우라소에요도레의 기와에는 '계유년고려와장조(癸酉年高麗瓦匠造)'라는 각인(刻印)이 있지만, 계유년은 1153년, 1273년, 1333년, 1393년 등에 해당한다. 고쿠시칸대학(国士舘大学)의 도다 유지(戸田有二) 교수는 이것이 1273년이라면, 삼별초가 제주도에서 멸망한 해와 같은 해이기 때문에, 삼별초의 생존자들이 오키나와로 도망쳤을 것으로 추측한다. 그 당시 이미 도쿠노시마(徳之島)에는 고려 도공들이 들어가 가무이야키(カムイ焼) 생산에 종사하고 있었던 것이 확실시되며, 우라소에요도레라는 왕릉은 함순 연간(咸淳 年間, 1265-1274)에 류큐 왕국의 에소(英祖) 왕이 쌓았다고 하는 『류구국유래기(琉球国由来記)』의 기술(記述)과도 그 연대가 일치한다."

우선, 인용한 내용을 쉽게 이해하기 위해 몇 개의 용어를 풀어보자. 류구(琉球, 일본어 발음은 류큐)는 오키나와의 옛 이름이다. "우라소에요도레"는 우라소에(浦添) 성터 북쪽 중턱에 있는 에이소왕(英祖王, 1260-1299)과 쇼네이왕(尚寧王, 1589-1620)의 능묘를 가리키는 말이고, "계유년고려와장조(癸酉年高麗瓦匠造)"는 계유년에 고려의 기와 장인이 만들었다는 뜻이다. 또한, "가무이야키(カムイ焼)"는 가고시마현(鹿児島県)의 아마미군도(奄美群島) 도쿠노시마(徳之島)에서 11세기부터 14세기에 걸쳐 만들어진 도자기의 명칭이다. 도쿠노시마는 오키나와 본섬의 북북동 약 257km에 위치한다. 함순(咸淳)은 중국 남송의 6대 황제 도종(度宗)

때 사용된 원호(元號)다.

즉, 20세기 후반 오키나와현 우라소에시에 있는 류큐 왕국 시대의 에이소왕과 쇼네이왕의 무덤에서 발견된 기와 무늬를 통해 고려인이 그 기와를 만들었다는 설명이 가능해진다. 더하여, 삼별초의 생존자들이 오키나와로 이동했을 것이라는 추측도 할 수 있다. 이는 중국 남송 때 쓰인 『류구국유래기』를 통해서도 유추할 수 있기에, 지금의 오키나와에는 고려인의 피가 흐르고 있다고 할 수 있을 것이다.

물론 이에 대해서는 여러 이견이나 학설 등이 존재한다. 그러나 한국인의 입장에서는 고려 원종 때인 1273년에 멸망하여 사라졌다고 하는 삼별초가 다시 살아온 듯한 느낌을 지울 수 없다. 제주도에 와서 아름다운 경치에 넋을 잃고 바라보았으나, 제주 여기저기를 돌아다니는 동안에도 내게는 이미 사라진 존재인 삼별초가 그 그림자를 길게 드리우고 있었다.

도담삼봉, 그리고 인간과 신선의 서사(敍事)

　신선들은 분명, 이 절경 속에 주거지를 마련했을 것이다. 그들이 좋은 약재를 빚어 만든 환약(丸藥)이라는 지명의 유래를 바탕으로 생각하면, 이곳 단양 땅 도담(島潭)에 겹겹이 어깨동무를 한 크고 작은 산들은 환약 제조의 터였을지도 모른다. 무엇보다 검룡소에서 발원한 남한강 물줄기가 이곳으로 흘러 흘러 삼봉(三峯)을 만났으니 이상적인 삶의 터전으로 작동했으리라. 투명한 소복 차림의 구름이 신선들의 소식을 하늘과 인간 세계 여기저기에 전해주었을 풍경은 지금도 진행형처럼 사람들의 귓전으로 흘러들고.

　이웃한 석문(石門)은 신선들의 회의장(會議場) 혹은 혹은 전망대였을까. 도담삼봉과 주변 절경을 한눈에 바라볼 수 있어 습관처럼 석문으로 들어오는 왜가리 몇 마리. 그들에게 묻고 싶었다. 그대들은 신선의 환생인가. 여전히 이 절경 속에 주거지를 마련하고 싶었냐고. 그리고 인간 세계와 신선 세계의 경계는 어디냐고.

흘러간다는 것은 살아간다는 것. 살아간다는 것은 흘러간다는 것. 인간과 신선은 여기에서 공통의 명제를 만난다. 이 공통의 명제는 인간 세계와 신선 세계의 경계를 허물기 위해 아, 삼봉정(三峯亭)에서 만나, 마침내 오랫동안의 딸꾹질을 멈추고 있다. 도담마을에 핀 야생화 군락은 그런 기운의 유산. 향기는 그런 기운의 숨결. 또, 강에서 몸을 씻던 구름도 야생화 이파리마다 둥지를 틀기 시작하여, 나는 이 순간을 놓치지 않고, 이 야생화들처럼 상상과 현실을 넘나드는 시 한 수 보탤 수 있는 삶을 허락받는다. 그렇게 나도 흘러 흘러 간다. 살아간다.

이렇게 나는 시 한 편을 지었다. 시를 짓고 보니, 도담삼봉이라는 이 섬나라에서 마치 하늘이 내게 영혼을 옮겨적으라는 명령을 실행한 것 같았다. 이곳을 찾은 기억을 이렇게 시로 남겨놓지 않으면 죄를 짓는 것 같았다.

도담삼봉은 충청북도 단양군 남한강 상류 가운데에 세 개의 봉우리로 된 섬으로 단양팔경 중 제1경이다. 석문은 제2경. 지난달 23일, 가을이 익어갈 무렵, 나는 그곳을 찾았다. 안타깝게도 처음 가본 곳. 단양에서 태어났지만 다섯 살 무렵 대구로 갔고 오랫동안 서울에 살았기에, 내게 단양은 늘 그리운 곳이었다.

그리고 그 옛날 단양이 고향이었던 아버지, 어머니도 이곳을 찾아

사랑의 언어를 주고받았을까 하는 상상을 해본다. 그 상상만으로도 지금, 따뜻해진다. 쓸쓸하지 않다. 다사다난했던 부모님의 삶의 여독과 내 삶의 그것이 동시에 풀리는 듯하다. 도담삼봉과 석문을 중심으로 이곳 일대를 돌아보는 유람선을 타고 그 풍경을 담아냈다. 그리고 단양군수를 지냈던 퇴계 이황(1501-1570) 선생이 도담삼봉을 읊었다는 시 한 수를 줄곧 곱씹었다. 다음은 그 전문.

山明楓葉水明沙(산명풍엽수명사)
산은 단풍잎 붉고 물은 옥같이 맑은데
三島斜陽帶晩霞(삼도사양대만하)
석양의 삼봉에는 저녁놀 드리웠네.
爲泊仙槎橫翠壁(위박선사횡취벽)
신선의 뗏목을 대어놓고 푸른 바위에 기대 앉아서
待看星月湧金波(대간성월용금파)
별과 달이 금빛 물결에서 솟아오르기를 기다리네.

도산서원에서 퇴계 이황 선생을 생각하다

　한양을 떠나 환향(還鄕)한 마음을 달래려고 차 한 잔 끓여 마시는 그에게 도산(陶山) 여기저기에 자라고 있던 나무들의 정신이 바람에 실려온다. 실려온 바람이 퇴계 이황(李滉, 1501-1570) 선생이 마시는 찻잔에 몸을 담근다. 나무들의 노래가 퍼진다. '아, 이제 내가 세울 서당에 어떻게 나무들의 노래를 심을 수 있을까.' 여전히 '암서헌(巖栖軒)'과 '완락재(玩樂齋)'에도 숨 쉬고 있을 나무들의 노래여, 퇴계의 노래여. 그렇게 몇백 년의 시간이 흘렀건만 서울에서 온 낯선 나그네의 귀에도 들리는 듯하다.

　도산서당(陶山書堂)을 세우기 시작할 무렵, 율곡 이이(李珥, 1536-1584) 선생이 이곳을 찾아왔다는 기록을 접한다. 두 거유(巨儒)는 어떤 대화를 나누었을까. 성리학(性理學)의 진수(眞髓)와 그 생명성을 논했을까. 그때, 바로 그때, 뜨락에는 매화나무가 심겨 있었을까.

　그랬다면 매화나무는 두 선생의 언어를 받아적으며 꽃을 피우고 싶었을지도 모르는 일. 매화나무 가지에 주렁주렁 매달려 있던 햇살이 그때의 햇살인 듯 피어나고, 나도 햇살이 되어 매화나무를 서성이면 퇴계 선생의 '이기이원론적 주리론(理氣二元論的 主理論)'의 깊이 속으로 들어가려는 충동과 마주친다. 그리고 인간의 성질과 세상의 원리를 설명하는 학문이 이십일 세기의 품속에서 얼마나 유효한 기능으로 작용하는지를 묻고 또 묻는다.

도산서원의 유생들이 거처하면서 공부했다고 전해지는 동쪽 건물인 '박약재(博約齋)'와 서쪽 건물인 '홍의재(弘毅齋)'에서는 유형·무형의 학문적 종착지를 찾아가려는 그들의 열정과 고뇌의 숨소리가 들리는 듯하다. 거기에 제자였던 서애 류성룡(柳成龍, 1542-1607) 선생의 모습도 중첩하여, 불현듯 나도 그 공간에 머물고 싶어진다. 그 시절로 돌아가고 싶어진다.

그런 내 마음을 알고 나의 시선은 흘러 흘러 낙동강의 물줄기가 지나가는 '시사단(試士壇)'으로 향한다. 조선의 정조 임금이 평소에 흠모하던 퇴계 선생의 학덕을 기리고 지방 선비들의 사기를 높여주기 위해 어명으로 특별 과거인 '도산 별과(陶山 別科)'를 보던 장소가 아닌가. 그때는 어떤 시제(試題)가 주어졌을까. 230여 년이 지나, 나도 그때의 그 시제를 갖고 지금 도산 별과에 응시한다면 어떨까. 상상만으로도 흥분과 감흥이 물결을 일으킨다.

그렇게 나의 시심(詩心)은 낙동강을 타고 흘러 흘러, 시간을 타고 흘러 흘러, 퇴계 선생 생존 시의 건물인 서당을 중심으로 주변 산수를 담은 조선 시대의 풍경화인 '계상정거도(溪上靜居圖)'를 살핀다. 화가 정선(鄭敾, 1676-1759)이 그린 것으로, 지금 우리가 쓰는 천 원 지폐의 뒷면에 그려 있다. 주의 깊게 살핀다. 그랬더니, 그림 속의 서당에서 퇴계 선생이 성큼성큼 걸어 나오시어 가뭄으로 일그러진 낙동강의 녹조를 걷어내실 것만 같다. '하늘이여, 하늘이여, 이 땅을 보우하소서' 하며 기우(祈雨)의 노래를 시로 남기실 듯한 9월의 어느 날.

'암서헌(巖栖軒)'과 '완락재(玩樂齋)'를 떠나지 못하고 영원히 기거하실 것만 같은 퇴계 선생과 도산(陶山) 여기저기에 자라고 있던 나무들의 정신이 바람에 실려 와 나를 휘감고 또 휘감고.

외로워 마라, 고석정(孤石亭)이여

　외로워 마라. '고석(孤石)'이여. 거대한 기암봉(奇巖峰)이여. 결코 외로운 존재로 보이지 않는데, 어찌 '외로운 돌', '외로운 바위'라는 뜻을 가진 '고석'이라 명명되고 있느냐. 억겁의 시간이 흐르고 흘러도 아래쪽을, 낮은 쪽을 지향하겠다는 한탄강의 진실과 습관을 들으며, 제자리를 지킬 줄 아는 고석의 정신은 전혀 외로운 것이 아니다. 그런 기암봉의 정신을 지켜보며 공동운명체처럼 버티고 있는 현무암들도 단단한 호위무사의 위용이다. 그러니 외로워 마라. 고석이여.

　그대의 이름이 '고석'이라 붙여진 것을 알았을까. 겹겹이 쌓인 돌과 돌 사이에 외로움이 번식할 것을 노심초사하던 풀들 무성하다. 가을바람과 햇살이 돌과 돌 사이를 헤집고 들어가 풀들이 우거져야 한다는 의무감에 호소하고 있다. 충성하고 있다. 더하여 기암봉 위에는 많은 소나무가 솔향을 뿜어내고 있어 지나가던 구름도 여기로 놀러 올 것만 같으니. 그러니 외로워 마라. '고석'이여.

　무엇보다 새떼들이 이따금 돌과 돌 사이와 고석정 여기저기를 배회하는 풍경을 보면, 이 기암봉 어딘가에 분명 새들의 마을이 있을지도 모른다. 생명을 품고 있을 거라는 상상이 강물처럼 밀려오고 밀려온다. 사라지지 않는 작은 왕국이 건설되어 있을 것이다. 그러니 외로워 마라. '고석'이여.

　절경과 더불어 고석이 외로워하지 않아도 되는 또 하나의 이유는 조선 명종 때인 1560년경 임꺽정(林巨正)이 이곳 고석의 자연동굴에서 은신하였다는 것. 그리고 건너편에 석성(石城)을 쌓고 살며 관군에게 항거하였다는 기록과 더불어 그와 관련한 설화가 살아 움직이고 있기 때문이다. 부정 축재한 부패한 탐관오리의 재물을 빼앗아 불쌍한 사람을 도와주었기에 그는 우리에게 의적(義賊)으로 기억되고 있다.
　"함경도에서 조정으로 상납하는 조공을 약탈하였기에 나라에서는 근심거리였"지만, "임꺽정은 자기를 잡으러 관군이 오면 고석정 부근의 암벽 석굴에 있다가 꺽지라는 물고기로 변하여 한탄강에 숨었다."는 설화는 여전히 이 기암봉 깊숙한 곳과 한탄강을 맴돌고 있을 것만 같다. 건너편을 둘러봐도 석성의 흔적은 보이지 않고, 지금은 많은 나무와 바람과 가을 햇살이 견고한 성을 쌓고 있을 뿐. 몇백 년 동안 제자리를 지키며 피었다가 지기를 반복한 꽃들은 임꺽정의 항거를 기억하고 있을지도 모르는 일. 그러니 외로워 마라. 고석이여.

강원특별자치도 철원군 동송읍 태봉로 1825. 이곳이 고석정이 자리 잡은 곳이다. 철원 9경의 하나다. 신라 진평왕(579-632)과 고려 충숙왕(1294-1339)이 여기에서 머물렀다고 하는 등, 이런저런 역사적 사실도 풍부하다. 그래서 이곳 고석정은 아무리 생각해도 외로운 곳이 아니다. 결코 외로운 존재가 아니다. 그러니 외로워 마라. 고석이여.

편안한 고을, 보령을 가다

서울에서 버스를 타고 보령 땅에 접어들었더니 눈이 와 있었다. 겨우 발자국이 날 만큼의 자국눈이었다. 그런 눈도 산과 산, 그리고 들판과 산을 한 몸처럼 이어주는 멋진 풍경을 연출하고 있었다. 하얀 실타래 같았다. 동행한 사람들이 그런 설경에 감탄하는 것을 보면, 산과 들과 사람은 하나로 이어져 있다는 생각이 들었다.

보령의 첫인상은 그렇게 아름다웠다. 편안했다. 보령이란 지명의 뜻은 '편안한 고을'이다. 保寧, '지킬 보'에 '편안할 령'. 예로부터 자연재해가 거의 없는 지역이라 그렇게 불렸다고 하니, 분명 축복받은 고장이다.

맨 먼저 개화예술공원에 들렀다. 보령 9경 중의 하나라는 명성에 걸맞게 5만여 평이나 되는 이곳에는 모산미술관을 비롯해 허브랜드 식물원 등이 산재해 있지만, 내게 유독 눈에 띄는 곳은 조각공원. 역사 속 인물들의 명문장과 현존하는 문인들의 작품이 새겨진 조각품들이 즐비해 있기 때문이다. 내린 눈들이 그 조각된 글자 속으로 스며들어 문장의 뜻을 새기고 있는 것 같아, 나도 덩달아 그렇게 하고 싶어졌다. 조선 시대의 문신인 임제(1549-1587)가 황진이 묘를 찾아가 읊은 시조 한 수는 내 눈길을 사로잡은 작품의 하나.

    청초 우거진 골에 자난다 누웠난다
    홍안은 어디 두고 백골만 묻혔나니
    잔 잡아 권할 이 없으니 그를 설어 하노라

임제 선생이 느꼈던 황진이에 대한 그리움이 시에 짙게 묻어나온다. 몇 번 되풀이하며 읊조려보았지만, 그럴수록 내게도 진하게 번져오는 황진이에 대한 그리움은 어찌할 수가 없다. 그 밖의 많은 시편이나 문장이 품고 있는 심오한 숨결이 마치 내 몸속으로 스며들어 치유의 호흡으로 건강하게 흘러들어오는 것이 아닌가.

다시 발길을 옮겨 보령천북굴단지. 점심으로 가리비와 굴찜을 먹었다. 내 입이 그야말로 굴(石花) 속으로 들어가는 희열에 젖었다. 그리고 식당 문을 열 때마다 인근 방파제에서 겨울 굴찜 향기를 맡으러 오는 바람, 그리고 나그네처럼 왔다가는 허공의 구름.

다음으로 간 곳은 남당항. 새조개 축제 현장. 아니, 수산물 축제 현장. 홍성군 결성면 사람들의 '결성농요' 공연을 구경하고, 바다에 반짝이는 윤슬과 사진도 찍었다. 후에 이 사진은 내 삶의 한때를 기록하는 윤슬 같은 존재가 되리라. 새조개를 포장해서 서울에 가지고 오려했으나, "해수온 상승으로 새조개 수확이 쉽지 않아 팔 수 있는 것이 없다"는 상인들의 얘기를 들었다. 지구 온난화의 습격이다. 지금은 우수와 경칩 사이. 여전히 봄바람은 불지 않았고, 봄이 올 길을 찾고 있는지 갈매기도 보이지 않았지만, 나는 서둘러 서울로 가는 길로 접어들었다. 해가 저물고 있었다.

낯선 나그네에게도 이름처럼 편안한 고장 보령이여. 아름다운 고장 보령이여. 여기저기 더 볼 곳도 추억을 남길 곳도 많지만, 다음을 기약하세. 또 만나세.

서산(瑞山)에서의 상춘(賞春)

 따뜻한 봄 햇살이 서해 여기저기에 몸을 던지고 있었다. 바다의 몸을 덥혀주고 있었다. 20도 가까운 기온이라면, 바다와 봄 햇살이 합궁하여 옥동자라도 낳을 것 같다는 생각이 들었다. 그런 3월 하순의 어느 날에 '간월암'을 찾았다.

 조선을 건국한 태조 이성계를 도와 조선 건국의 틀을 다진 무학대사가 달을 보다가(看月) 도를 깨우쳤다는 뜻을 지닌 간월암은 간조 시에는 육지와 연결되고 만조 시에는 섬이 되는 신비로움을 지닌 곳. 서울에서 출발할 때 겨울 외투를 준비하고 간 것은 잘못된 판단이라고 꾸짖고 가는 봄바람도 잔잔한 미소로 떠다니는 이곳에서 불심으로 자란 듯한 250년 된 사철나무와 150년 된 팽나무가 곧 꽃을 피울 것 같았다. 범종각에서 종소리가 울려 퍼지면 바다를 떠돌던 새들이 모여들 것만 같았다. 간월암에서 조금 벗어난 곳에서 어리굴젓을 맛본 후 순교자들의 무덤인 '해미국제성지'로 발길을 옮겼다.

해미천 좌우 주변에서 1866년부터 1872년 사이 6년간 무려 일천 명 이상으로 추정되는 신자들이 생매장당하였으며, 이 순교자들의 유해는 대부분 홍수로 유실되고 1935년 그 일부를 발굴하였다는 해미국제성지에 깃든 천주고 박해의 잔혹함이 온몸으로 전해졌다. '순교(殉敎)'는 로마 가톨릭교회에서의 신앙심을 지키기 위해 목숨을 잃는 것을 가리키는 말이다. 이곳이 위치한 해미면(海美面)의 '해미'라는 이름만 보면 바다가 아름답다는 뜻인데, 형언할 수 없는 무자비한 박해의 역사를 지닌 곳이기에 커다란 괴리가 생겼다. 몹시도 당황스러웠다. 왜 해미면인가 궁금하여 검색해보니, "1407년(태종 7) 정해현(貞海縣)의 '해'자와 여미현(餘美縣)의 '미'자를 따서 해미면이라 이름하였다"는 정보가 뜬다. 영면하지 못하고 해미천을 맴도는 슬픈 원혼들에게 따스한 봄 햇살이 가득 내리쬐기를 기도하고 또 기도하였다.

그리고 봄을 대표하는 꽃의 하나인 수선화로 유명한 '유기방가옥 수선화 축제'를 찾았다. 유기방가옥(충남 민속문화재 23호)은 1900년대 초에 건립된 일제강점기의 가옥이다. 면적은 4,770m²로 평으로 계산해보면 1445평 정도. 낮은 야산에 소나무 숲과 함께 수선화가 펼쳐진다. 그러나 아쉽게도 수선화를 만개하게 할 만큼의 봄은 아니었는지 햇살 좋은 남향에만 일부 피어 있었다. 문득, '자기 사랑', '자존심', '고결', '신비'라는 꽃말처럼 일조량과 시간이 허락해야만 피는 꽃인가 하는 생각이 들었다. 꽃잎이 가진 빛깔은 고결하고 신비하다는 느낌을 주었다.

'사랑하는 사람이여 그대는 수선화인가, 혹은 나 수선화로 피어나

그대 품에 안길 수 있을까' 하는 시가 저절로 내 머릿속에 그려진다. 더불어 "홍진(紅塵)에 뭇친 분네 이내 생애(生涯) 엇더ᄒᆞ고(1행) – 속세에 묻혀 사는 사람들아, 이 나의 삶이 어떠한가?/ 녯사람 풍류(風流)를 미 츨가 못 미츨가(2행) – 옛 사람의 풍류에 미칠까 못 미칠까."로 시작되는 최초의 가사 형식을 갖춘 시로 평가받는 조선 전기의 문신인 정극인(丁克仁, 1401-1481)의 시 상춘곡(賞春曲, 시는 전체가 39행)을 떠올린다.

    오랫동안 아름다운 기록으로, 그리고 따뜻한 추억으로 살아 있을 충청남도 서산에서의 나의 상춘(賞春)이여. 낮과 밤의 길이가 같아진다는 춘분을 며칠 지난 해가 나를 쉬 놓아주지 않는 봄날의 한때여. 또 만나세, 봄 햇살 가득했던 서산이여.

중랑천의 겨울 가뭄

　수심(水深)이 얕아져서 수심(愁心)이 깊어진 중랑천 길을 걷는다. 강물이 강물을 데리고 길을 만들지 못하니 강물 소리도 강물 소리를 데리고 길을 만들지 못하고 있었다. 발원지에서 품었던 초심은 아직도 건강한 꿈을 꾸고 있을까. 그런 의문이 들었다. 한강으로, 그리고 바다로 나아가려던 의지로 이리저리 뒤척이며 조금씩 몸집을 불렸던 물줄기가 아니었던가. 양주를 거쳐 의정부를 지나 이곳 서울로 흘러들어오고 있었지만, 여기저기 드러난 모래톱을 넘는 데도 힘에 부친 풍경, 그 풍경이 산재해 있다. 문득, 살아남기 위해 서울로 찾아온 내 젊은 날의 몸부림 같은 것이 떠올랐다.
　겨울 중랑천으로 찾아온 철새 몇 마리도 서성거리다 사라지고 있었다. 자신들의 발목을 적실 깊이가 확보되지 않았다는 판단을 했을까. 아니면 적적한 먹잇감을 찾지 못한 것일까. 넉넉한 수량(水量)의 땅을 찾아서 상류 쪽으로 하류 쪽으로 이동하는 모습이 눈에 띄었다. 갈증의 노래가 넘쳐나는 1월의 중랑천에는 가뭄이 완연하다. 나는 잠시 멈춰 서서 물 한 모금 들이켰다.

따스한 때를 지나 갑자기 들이닥친 혹한이었다. 마음을 뺏긴 중랑천은 얼었다가 녹기를 되풀이했으리라. 휘몰아친 추위를 견디지 못하고 온몸을 딱딱하게 무장한 얼음들이 가장자리 여기저기에서 이 계절의 체면을 살려주고 있었다. 어느 정도 수심을 잴 수 있을 때는 떼를 지어 다니던 잉어들의 유영을 볼 수 있었는데, 지금은 그런 기억조차 호사에 가깝다. 그 잉어들은 다 어디로 갔을까. 겨울바람이 휩쓸고 가도록 길을 내주는 것은 바닥을 드러내며 누렇게 멍이 든 모래톱뿐. 갈대들이 바싹 마른 자신들의 몸을 한쪽 방향으로 기울일 때마다 가는 길을 찾지 못하고 균형을 잃는 바람 소리.

이렇게 강물 소리가 가늘어지면 중랑천은 이웃해 있는 전철역으로 들어가고 나가는 열차 소리도 제때 받아들이지 못한다. 열차가 지나가면서 강물 위에 찍어대던 바퀴 자국도 어디에 자신의 목소리를 찍을지를 몰라 소리만 더 요란해진다. 강의 물결에 뿌리를 내리지 못하기 때문이다. 몰려나오는 승객들의 발걸음을 받아내는 것조차 벅차다. 역사(驛舍)에는 아, 눈이든 비든 아무거나 얼른 내렸으면 좋겠다고 서로 얼굴을 맞댄 불빛들만 무성하다.

초지일관 중랑천으로 젖줄을 물리던 초안산도 침묵으로 서 있었다. 산길을 따라 내려오던 물줄기도 얼어버린 것일까. 그냥 산 그림자만 중랑천에 드리우지만, 어쩌나, 이 산 그림자의 속살을 받아줄 만한 수심도 허약하다. 살아생전 나라의 안위를 걱정하며 살았던 내시들,

그들이 묻힌 무덤을 향해, 조만간 비라도 눈이라도 내려달라고 부탁하러 가는 작은 새들의 비행을 목격한다. 나도 저들의 행렬에 동행하려는 마음 간절하다.

이윽고 수심이 얕아져서 수심이 깊어진 중랑천으로 노을이 내려앉는다. 남은 열기로 야트막한 강물에서 자맥질을 하고 있다. 이제 곧 이 강물에 몸을 담그러 와서 기우제(祈雨祭)든 기설제(祈雪祭)든 서둘러야 하지 않겠냐고 보챌 것만 같은 별들이 뜰 것이다. 아, 나도 그 별들에 합류하여 함께 가뭄을 해소해달라고 빌고 싶은 날이다.

그렇게 나는 중랑천을 걸으면서 사람이든 강이든 초심을 잃어버려서는 안 되겠다는 생각을 하고 있었다. 건강한 몸과 마음으로 흘러, 흘러, 더 넓은 세상으로 흘러가야겠다는 생각을 하고 있었다. 곧 목마르지 않는 봄이 오리라.

한여름 밤, '경춘선숲길'을 거닐다

혹서에 겪었던 열대야가 조금씩 긴장의 끈을 놓으며 틈을 보여준다. 덩달아, 중랑천에서 불어오는 바람도 체온을 낮춘다. 미세먼지가 사라진 하늘에는 달이 마중 나와 있다. 별이 마중 나와 있다. 8월도 어느덧 하순을 향해 흘러가는 밤, 나는 바람과 달과 별과 동행하며 경춘선숲길을 산책한다.

경춘선숲길은 '경춘철도(京春鐵道)'로 개통(1939년 7월)되어 서울 성동에서 춘천까지 운행되던 경춘선이 수도권 전철 경춘선 개통(2010년 12월)으로 폐선이 되었던 곳을 정비하여 공원으로 조성한 곳. 지금의 광운대역 부근에서 화랑대역까지의 폐지된 구간이 여기에 해당한다. 72년간의 운행을 마치고 지금은 열차는 달리지 않지만, 그때의 철로는 그대로 남아 있다.

그곳을 걷다 보면, 제일 먼저 눈에 들어오는 것은 수국과 금계국과 강아지풀과 솔숲에서 뿜어나온 향기들이 폐경춘선 철로 위에 살포시 내려앉는 풍경. 향기는 어둠에 더 강한 생명력을 발휘하며 퍼지는 걸까. 주변의 사물들과 사람들 속으로 파고드는 듯하다. 주변의 나무들이 발산하는 매미 소리와 풀벌레 소리를 문 채 어슬렁어슬렁 철로를 산책하는 고양이의 모습도 눈에 띈다. 고양이가 걸어 나온 쪽에는 달빛도 피해 가며 가로등 불빛에도 몸을 숨기고 있던 어둠이 견고하게 자리 잡고 있다.

  무엇보다 인근 동네에서 찾아온 사람들의 발걸음과 수다 소리가 철로에게는 외로움을 허락하지 않는다. 철로는 꽃과 동물과 사람으로 한여름 밤이 즐거운 축제인 것만 같다. 적지 않은 세월 동안 수많은 사람을 실어나르던 경춘선이었지만, 지금도 그 철로가 쓸쓸하지도 않고 한가하지도 않은 것은 그 때문일 것이다.

  철로가 여전히 평행선으로서의 외형을 잃지 않는 사실에는 변함이 없다. 하지만, 평행선이 갖고 있는 긴장감이나 팽팽함은 이미 본성을 상실해 버린 듯. 어느 젊은 부부가 평행선 철로에 들어가 서로 손을 잡고 걷는다. 다정하게 침목(枕木) 위를 걸으며 한 발걸음씩 이동하는 광경을 물끄러미 쳐다본다. 이들에게 평행선은 서로의 길을 다독이며 위로하는 이정표 같다는 생각이 들었다.

  잠시, 철로 안쪽으로 방향을 잡고 걸어가면 공동으로 일구는 텃밭이 자리 잡고 있다. 고추, 가지, 상추, 방울토마토 등이 어둠 속에서 존재감을 잃지 않은 채 속살을 드러내고 있다. 그리고 고양이가 불쑥 나타나 허기를 채우고 가는 모습도 보인다. 자연스럽게, 이 텃밭은 인간과 동물이 공유하는 공간이라는 것을 느끼게 해준다.

다시 길을 재촉하여, 공릉동 도깨비시장 앞을 지나, 경춘폭포와 벽화 글과 그림 등의 예술 작품을 만날 수 있는 곳을 지난다. 더위를 피해 나온 사람들이 생각보다 많다. 주위에 있는 아파트나 여러 주거지에서 나온 불빛들도 철로 쪽으로 피서 나온 행렬에 동참하고 있다. 옛 화랑대역으로 가면, 불빛 정원이 자리 잡고 있는데, 보는 내내 빛은 화려함보다는 우리에게 어떤 그리움을 주고 있다는 생각이 떠나지 않는다.

바람과 달과 별과 동행하는 나를 흠뻑 적셔주는 땀과 함께 찾아오는 상쾌함. 돌아가는 길에 철로를 거니는데, 문득, 그리운 사람에게 '잘 지내고 있느냐'는 안부 문자를 보내고 싶어지는 것이 아닌가.

홋카이도(北海道)의 가무이미사키(神威岬)에서 옥빛 바다에 물들었다

 이곳 앞바다를 지나가는 바람의 노래도, 바다에 들어가 몸을 씻는 햇살도, 모두 옥빛, 옥빛, 옥빛이었다. 이 옥빛의 축제를 즐길 갈매기 떼가 보이지 않는 것이 안타까울 뿐이었다. 아, 누가 이런 빛깔을 빚어놓았을까. 이 아름다움의 근원을 묻고 싶었다.
 그 옛날 어느 여인이 이곳에 몸을 던졌다는 전설을 잊지 말아 달라는 염원인가. 아니면 그 슬픔을 씻어주려는 해신(海神)의 배려인가. 바다는 순결의 결정체처럼 고고하다. 이곳에 설치된 등대의 역할은 항해하는 모든 배에게 이 옥빛을 전해주는 것이리라. 산다는 것이 늘 이 옥빛처럼 아름다운 빛깔일 수만 있다면 얼마나 행복할까 하는 생각도 스쳐갔다. 태평양 어느 먼 곳에서 길을 물어물어 이곳 가무이미사키까지 찾아온 크고 작은 파도여, 이 옥빛은 축복의 선물인가. 그렇게 내 몸도 마음도 온통 옥빛, 옥빛, 옥빛으로 물들어가고 있었다.
 북위 43도 20분 00초. 동경 140도 20분 51초. 가무이미사키(神威岬)

의 위치다. 홋카이도에서 가장 큰 도시 삿포로에서 약 80킬로미터 떨어진 곳이다. 지난 8월 하순 무렵 내가 다녀온 홋카이도 여행에서 가장 인상 깊었던 곳인 이곳의 바다와 주변 풍경을 보고 그 느낌을 글로 옮겨보고 싶었다. 이렇게 글을 쓰는 순간도 노래를 부르는 것처럼 즐겁다.

'가무이(神威)'라는 말은 원래 홋카이도의 원주민이었던 아이누족의 말로 '신(神)'을 뜻하는 글자. 미사키(岬)는 우리말로 번역하면 '곶'이다. 가무이미사키(神威岬)를 구경하기 위해 언덕을 따라 조금 걸어가면, "여인 금제의 땅·가무이미사키(女人禁制の地·神威岬)"라는 나무로 된 안내표지판이 나온다. '여인 금제의 땅'이란 여인의 출입을 금지하는 땅이란 뜻. 자료에 따르면, 일본 본토의 여성을 실은 배가 가무이미사키 앞바다를 지나가면 해신의 노여움을 초래해, 배가 조난하고 어업도 부실해진다고 해서 에도 시대에 이곳 홋카이도를 지배하던 번(藩)이 1691년부터 가무이미사키에서 안으로 들어가려는 일본 본토 여성의 출입을 금지했다고 한다.

그와 관련한 전설 하나. 지금의 이와테현(岩手縣)의 도시인 고로모가와(衣川)를 탈출한 무장 미나모토노 요시쓰네(源義経, 1159-1189)가 홋카이도로 도망갔을 때, 아이누 수장의 딸인 차렌카와 사랑하는 사이가 되었다고 한다. 그러나 야망을 버리지 못한 요시쓰네는 그녀를 버리고 그곳을 떠났던 것. 그를 연모하여 이 미사키까지 왔으나, 그 사실을 알고 절망한 끝에 바다에 투신했다는 전설이 흥미롭게 읽힌다.

차렌카가 죽을 때 "부녀(婦女)를 실은 배가 이곳을 지나면 전복해서 침몰한다"고 외친 일에서 이곳이 여인 출입 금지의 땅이 되었다고 하니, 흥미로운 한편으로 슬픈 전설이 아닐 수 없다. 아마도 가무이미사키 앞바다가 해난 사고로 이어지는 암초가 많고 '마(魔)의 바다'라고 알려진 탓에 이런 전설도 내려오지 않을까 하는 생각을 해본다.

"그 옛날 어느 여인이 이곳에 몸을 던졌다는 전설을 잊지 말아 달라는 염원인가. 아니면 그 슬픔을 씻어주려는 해신(海神)의 배려인가. 순결의 결정체처럼 고고"한 이곳은 정말 아름다운 옥빛 바다였다. 이곳의 풍광을 즐기러 왔던 사람들 모두 전설처럼 사랑하는 사람들을 떠올렸을지도 모른다. 내게도 사랑하는 사람을 잊지 못해 몸을 던진 전설 속 여인의 외침이 환청처럼 들려올 것만 같은 홋카이도의 가무이미사키.

3부

강의실에 흐르는 강

강의실에 흐르는 강

강의실에도 강이 흐를 수 있을까. 그런 상상을 해본 적이 있는가.
그리고 그 강의실에 물고기처럼 유머가 살아 움직인다면 어떨까.

    새 학기 첫 번째 강의시간.
    강의실 여기저기 무겁게 자리 잡고 있는 긴장을 깨우며
    출석부 속의 학생들 이름을 부르는데
    김슬기, 박슬기, 이슬기 등,
    슬기, 라는 이름이 유난히 많아서
    이 강의실은 강이네요, 했다.
    학생들이 의아해했다.
    슬기, 라는 이름을 가진 세 명의 이름을 합하면
    다슬기니까 여기가 강이지요.
    자네들만으로는 강이 안 되는데

김바위, 라는 학생도 있어서
　　강이 되는 겁니다.
　　강은 서로 부둥켜안고 바다로 흘러가는 성질이 있습니다.
　　나도 강이 되어 함께할 테니 여러분도
　　열심히 공부해 강처럼 흘러
　　흘러 바다로 갑시다, 라고 부탁하자
　　강의실 여기저기서 고개를 끄덕이며 웃어주는
　　강물들이 보이기 시작했다.

-「강의실에 흐르는 강」전문

　필자의 시집 『종달새 대화 듣기』(2022)에 실려 있는 시다. 시의 공간인 강의실에는 '슬기'라는 이름을 가진 세 명의 여학생과 '바위'라는 이름의 남학생이 존재하고 있다. 이 사실에 착안한 시의 화자인 교수는 이 강의실을 '강(江)'이라고 명명한다. 그렇게 강의 요건을 충족한 강의실에서 화자는 "나도 강이 되어 함께"하겠다고 한다. 또한, "열심히 공부해 강처럼 흘러/ 흘러 바다로 가"자는 부탁도 잊지 않는다. 사제동행(師弟同行)이다.

　이 시에 대해서, "일상어를 시어로 변환하면서 벌이는 유쾌한 말놀이"라고 하며, "시인의 활달한 지향성은 '함께'의 가치를 되새길 때 더욱 고양된다", "교육 주체와 객체의 어떠한 고통이나 난관을 드러내기보다, 그것을 원만하게 풀어헤쳐 소통하려는 활기가 넘치는 시편"이라는 평가(김효숙 문학평론가)도 그런 시각의 반영이다. 물론, "이렇게 익살스러운 시편이 체험에 기반한 것인지, 상상적으로 구성한 것인지 알 수는 없다"는 서술은 독자들에게도 궁금증을 유발한다.

거기에 답한다. 이 시는 상상력으로 만든 것이 아니라, 사실에 기반하여 풀어낸 작품이다. 다만, 두 개의 반(班)에 나눠 있었던 세 명의 슬기라는 학생을 한 반에 있었던 것으로 설정한 것이다. 바위라는 남학생도 있었다.

코로나 발발 이전에 있었던 강의실 풍경이다. 그때는 서로 얼굴을 보면서 이런저런 농담도 풀어내며 강의를 했다. 코로나가 사라진 이후에도 역병으로 인한 단절은 강의실 안과 밖에서 후유증을 남긴 듯하다. 학생들이 잘 웃지 않는다는 것. 그리고 왠지 모르게 마음을 닫아두고 있거나 정신과적인 치료를 요하는 학생이 조금씩 늘어나고 있다는 느낌을 받기도 한다. 유머가 있는 강의실을 꿈꾸며 강의를 하고 있지만, 예전 같지 않다.

아, 그래도 지금쯤 슬기도 바위도 산업 현장에서 자신이 맡은 일을 열심히 하면서 바다를 향해 흘러가고 있을 생각을 하니, 마음 한편에는 따스함이 배어 나온다. 예전처럼, 서로의 표정을 읽으며 유머가 살아 움직이는 강의실을 꿈꾸어본다.

강의실에는 꽃이 피고

　내가 강의하는 '일한번역연습(日韓飜譯演習)' 시간에 특별한 일이 하나 생겼다. 이번 학기에는 일본의 자매대학 여러 곳에서 온 다수의 일본인 학생이 이 강의를 듣고 있는 것. 이 과목은 수강생들이 일본의 동화, 수필, 소설 등을 한국어로 번역하고 발표하는 강의다. 지금, 이 강좌를 개설한 십몇 년 전 이후 가장 많은 일본인 학생이 참가해 수강하고 있다. 코로나로 단절되다시피 했던 일본인 학생들의 한국 대학으로의 유학이 활기를 띠면서, 강의실에도 한국어를 배우려는 일본인 학생들의 열기가 무르익고 있는 것이다. 결석, 지각 한번 없다. 덩달아 일본어를 배우려는 한국인 학생들의 분위기도 후끈후끈하다. 물론, 이들이 강의실 밖에서 만나며 쌓아가는 우정도 계절만큼이나 꽃을 피우고 있다.
　무엇보다 일본에서 온 학생들은 한글을 반듯반듯하게 쓴다. 참 잘 쓴다. 어떤 학생은 글씨를 너무 예쁘게 써서 칭찬이 절로 나온다. 강의에 임하는 태도도 진지하고 열정적이다. 교재와는 별도로 한국어 단어나 표현을 익히기 위해 단어장을 만들기도 한다. 그래서일까. 한국어를 익히는 속도도 생각보다 빠르다. 심지어 내가 한국어로 농담하는 것조차 알아듣는 학생들도 있다. 신기하다. 또한 기쁘다. 그래서 강의실이 모두의 웃음으로 향기로워질 때가 한두 번이 아니다. 바로 이때다 싶어, 강의실 창문 틈으로 비집고 들어와 향기를 퍼트리는 등꽃. 등꽃…….

나는 그들에게 왜 한국에 왔냐고 물어본다. 주저하지 않고, "한국 문화와 한국어를 알고 싶어서"라는 대답이 돌아온다. K-pop, K-drama를 구성하는 인기 있는 콘텐츠와 특정의 스타들을 거론한다. 그리고 좋아한다는 반응을 보여준다. 이때 내게 번져오는 느낌의 하나는 앞으로도 한국 문화에 대한 그들의 관심과 애정이 쉬 식지 않을 것 같다는 것. 그것은 한편으로는 한국 문화에 관계하는 종사자들이 그들의 관심과 애정을 지속적으로 발전시키려는 노력을 전제로 한다. 국가적 차원에서의 콘텐츠 개발과 정책적 역량이 요구된다.

강의실 밖으로 눈을 돌려보자. 실제로 한일 간의 교류는 활기를 띠는 양상이다. 특히, 두 나라의 이른바 젊은 세대가 서로에게 온기를 돌게 하는 주체로 기능하는 것은 주목할 만하다.

동북아역사재단이 2024년 7월 22일부터 30일까지 한국리서치에 의뢰해 전국의 만18~39세 남녀 1000명을 상대로 조사한 결과를 보면, 남녀의 57.3%가 일본에 호감을 가진 것으로 나타났다. 또한, 니혼

게이자이신문(닛케이)이 2024년 2월 19일 보도한 '국가·지역별 우호의식' 여론조사에서 일본인 응답자의 37%가 "한국이 좋다"고 답한 것으로 나타났다. "한국이 좋다"는 일본인이 급속히 늘고 있는 것. 이는 2018년 첫 조사를 시작한 이래 최고치다. 세대별로 봐도 상대적으로 한국 문화를 자주 접하는 10~20대의 경우 "좋다"는 응답이 가장 높게 나타나 절반을 넘었다.

그렇다. 서로에 대한 한일 양국 젊은이들의 호감도가 긍정적으로 변화하고 있다. 물론, 그런 호감도의 증가가 서로의 국가에 대한 무조건적 애정은 아니다. 분명한 것은 서로의 인식에 대한 시각이 기성세대가 행하는 '정치'라는 낡고 고정된 틀에서 이탈하고 있다는 사실. 이것은 무척이나 고무적이다. 민간 차원에서의 젊은 세대, 바로 이들이 앞으로 한일 간의 인식 변화를 이끌 주된 세력으로 성장해갈 것이라는 뜻이다.

활짝 핀 오월의 꽃들처럼 '일한번역연습' 강의시간은 한국과 일본의 젊은이들이 서로의 말과 문화를 배우려는 열기로 향기롭기만 하다. 그래서 오늘도 나는 강의시간이 찾아오기를 기다린다. 리사, 마나미, 아이리, 에미루, 아카네, 미사키, 토모카, 호노카, 사키 등의 이름을 부르면서, 그들과 만나는 설렘이 생겼기 때문이다.

어느 졸업생 어머니의 눈물

　며칠 전 졸업식이 있었던 날의 일은 잘 잊히지 않고 오랫동안 기억에 남을 것 같다. 졸업식을 마치고 내 연구실로 찾아온 졸업생 상훈이와 그의 어머니가 내게 꽃을 건네준다. 그동안 훌륭한 가르침을 주셔서 고맙다는 인사를 잊지 않으면서 건넨 꽃들, 장미와 카네이션이 어우러진 것이었다. 순식간에 꽃향기는 책으로 가득 찬 연구실이라는 공간 여기저기로 파고들고 있었다. 그리고 우리는 향기에 묻혀 이런저런 대화를 계속하고 있었는데, 도중에 갑자기 상훈이의 어머니가 눈물을 흘리는 것이 아닌가.

　오래전 남편과 사별하고 홀로 어린 아들을 키우며 감내해야 했던 정신적·경제적 어려움이 불현듯 떠올랐을까. 잘 자라준 아들에 대한 고마움 때문이었을까. 아니면, 이 양자의 의미가 혼재되어 있었을까. 내 가슴속으로도 그녀의 눈물이 스며들어, 순간, 나도 울컥했다. 어렵게 공부를 해야만 했던 나의 학창시절이 중첩되는 듯했다.

더불어, 그녀는 아들의 미래를 걱정하고 있었다. 그러나 나는 상훈이의 진로나 앞으로의 삶에 대해 크게 걱정하지 않는다는 말로 그녀를 편안하게 해주려고 했다. 대학생으로서 자신의 앞날을 준비하는 자세, 그리고 평소 학업에 임하는 태도나 성실성은 그를 지켜보는 교수에게 신뢰를 주기에 충분했기 때문이다. 학생들에게 꼭 발표를 시키는 내 강의의 특성상, 대부분은 발표를 꺼리지만, 더 열심히 공부하겠다는 다짐으로 발표를 자청했던 상훈이의 적극성은 높이 살 만한 것으로 기억에 남아 있다. 그리고 철저한 준비를 거친 발표는 타의 모범이 되는 우수한 사례의 하나였다.

그래서인지 공인된 외국어 능력 시험에서 가장 높은 등급을 취득했고, 자신의 진로에 대해 평소 내게 상담하러 오던 자세는 제법 진지하고 성숙한 것이었다. 사회는 이런 학생을 필요로 한다는 믿음이 있었기에, 나는 솔직히 상훈이와 같은 학생에 대해서는 별로 걱정을 하지 않는다.

무엇보다 그날 내 마음을 움직이게 한 것은 그들과 대화를 나누면서 전해져 온, 이 모자간에 이어져 있는 건강한 유대감 혹은 친밀감이었다. 적지 않은 사회생활을 했지만, 모자가 이렇게 따뜻하고 애틋하게 그들의 세상으로 나를 끌어들이는 일은 드문 일.

지난 학기, "어머니가 교수님의 글을 좋아하십니다. 교수님의 글을 저와 어머니와 같이 읽고 있습니다." 하며 내가 쓴 책을 구입해 와서, 어머니의 이름을 일러주며 친필 사인을 부탁했던 일도 그러한 모자간의 친밀성과 유대감의 반영이 아닐까. 이런 경험은 교직을 수행하면서 흔치 않아, 작가로서도 교수로서도 내게 잊히지 않는 선물 같은 것이었다. 읽는 이의 마음을 따뜻하게 했다면 그 글의 생명력은 무한한 것이다.

"이제부터는 가장이 되어라. 대학을 졸업했으니 가장이 되어야 한다. 그것은 집안의 현재의 경제력과는 상관없는 일이다."는 말로 졸업한 학생에게 당부를 했다. 그것은 곧, 열심히 살아서 집안의 기둥, 사회의 기둥이 되라는 함의이기도 하다. 그런 정신으로 사회생활을 해야만 책임감 있게 일을 할 것이며, 신뢰받는 사람이 될 수 있다는 평소의 내 지론을 전한 것. 언제든 내 상담이 필요하고 내 도움이 필요하면 연락하라는 말을 전하며, 우리는 헤어졌다. 상훈이의 어머니도 밝은 얼굴로 내 연구실을 나서고 있었다.

그날 내 연구실에는 햇살이 오랫동안 그녀의 눈물처럼 반짝거렸다. 싹을 틔우려고 왔는지 아까시나무들의 우듬지를 긁고 있는 바람 소리가 창 쪽에서 아름답게 들려오고 있었다. 곧, 상훈이가 취업했다는 소식도 전해질 것만 같았다.

내가 벌을 기다리는 것은

　벌이 날아오는 소리가 들리지 않는다. 윙윙, 윙윙… 그 소리가 그리워지는 것은 왜일까. 봄기운 완연한 이 계절에 초안산에서 공급하는 나무 향기와 이제 막 피기 시작한 꽃들의 향기가 강의실로 습관적으로 드나드는데, 우리의 오감을 적셔주는데, 아, 안타깝게도 몇 년째 벌은 날아오지 않고 있다. 도대체 어디로 간 것일까.

　다음에 인용한 시는 오래전 강의실에 벌이 날아든 것을 소재로 삼은 「라이벌」이라는 제목의 작품이다.

　　(전략) 누군가가
　　교수님, 벌이 들어왔어요, 벌이에요, 무서워요, 한다.
　　내가,
　　벌이 들어왔다고 벌벌 떨지 마.

말 안 듣는 학생에게 저 벌이 벌을 줄 거야.
말 잘 듣는 학생에게는 저 벌 잡아서 꿀 줄 거야,
하자 모두 웃는다.

누가 또, 벌 한 마리 더 들어왔다고 호들갑이다.
내가 나중에 들어온 벌을 가리켜
처음 들어온 벌의 라이벌이라고 하자,
내 얘기를 들은 벌 두 마리가 숨바꼭질하듯
강의실 구석구석을 날아다닌다.

(중략) 그날의
벌 두 마리는 내 강의의 라이벌이었다.

―「라이벌」 일부 (『다시올 문학』 2014년 여름호)

이 시는 실제로 있었던 일을 담아냈다. '라이벌'이라는 영어 단어를 강의실에 들어온 '벌과 벌의 관계'에 적용한 것을 두고, 재미있고 유머가 넘치는 시로 받아들일 수도 있겠지만, 또 어떤 이는 우리말을 지켜내야 할 시인이 왜 이런 언어유희를 즐기느냐고 핀잔을 줄지도 모르겠다. 그러나 지금 와서 이 시를 들추어내는 것은 순전히 '벌' 때문이다. '벌'이 사라지고 있기 때문이다. 이제는 이런 유머 혹은 언어유희도 즐길 수 없을 것 같은 불길함이 엄습해오고 있다.

어릴 때 예천 은풍면에 있는 고모할머니 댁에 놀러 갔다가 벌에게

쏘였을 때, 쏘인 부위에 된장을 발라주던 고모할머니의 손길이 생각나 몹시 그립기만 한데, 이제는 그런 추억도 옛날이야기로 묻혀버릴까 봐 안타까운 마음이다. "벌이 사라지면 인류의 생명은 겨우 4년밖에 남지 않을 것이다."라는 천재 과학자 아인슈타인의 말도 지금 이 글을 쓰고 있는 나를 휘감는다. '벌'을 지켜내지 못하면 인류에게 '벌(罰)'이 내려진다는 말이 될 것이다. '벌과 벌'은 서로 긴밀하게 소통하며 인간 사회를 조롱하는 듯하다.

"겨울에만 꿀벌 130억 마리 실종……하우스 딸기 기형 늘었다", "벌은 인간의 작물 1500종 중, 약 30퍼센트의 수분을 책임지고 있다", "인류 식량의 90퍼센트를 담당하는 100대 주요 작물 중 무려 71종의 수분을 돕는 역할을 한다"와 같은 레포트를 접하면, 벌의 개체 수가 급감하는 원인인 '지구 온난화'는 단순히 벌의 존재를 습격하는 것이 아니라, 인류의 존재를 습격하는 말로 들린다.

그래서 나는, "교수님, 벌이 들어왔어요, 벌이예요, 무서워요." "벌이 들어왔다고 벌벌 떨지 마./ 말 안 듣는 학생에게 저 벌이 벌을 줄 거야./ 말 잘 듣는 학생에게는 저 벌 잡아서 꿀 줄 거야."라는 농담이 또다시 강의실에 날아든 벌들과 함께 울려 퍼질 날을 기다린다. 그때는 우리의 곁으로 찾아온 벌과 벌의 관계를 라이벌이라고 하지도 않을 것이다. 내 강의의 라이벌이라고 하지도 않을 것이다. 인류가 받은 벌을 용서하기 위해 온 수호천사라고 부르리라. 윙윙, 윙윙…… 환청처럼 메아리처럼 여기저기 벌이 울려 퍼질 날을 기다린다.

나무에게도 이웃이 있다

　초안산은 내 연구실과 맞닿아 있어 오랜 시간 내 일상에 산소를 불어 넣어주는 공간이다. 몇 년 전, 나는 그 초안산 숲에서 고사할 것만 같았던 아까시나무 한 그루를 발견한 일이 있었다. 그리고 시간을 두고 그 아까시나무가 다시 살아나는 광경을 관찰하고 또 관찰하였다. 설렘이 있었다. 감동이 있었다. 다음에 소개하는 시는 그때의 감흥을 담아낸 것.

　초안산 울창한 숲에서 아까시나무 한 그루가 죽어가고 있을 때였습니다. 비바람이 몰아치자, 그 거센 비바람의 생명력을 끌어당겨 고사 직전의 나무에게 다가가는 것은 그 나무와 이웃해있던 나무들이었습니다. 건강한 팔뚝으로 와락 껴안았다가 놓아주기를 무수히 되풀이하고 있었습니다.

다시 살아나라. 죽으면 안 돼. 하는 그 절박한 심정이 나무들의 인공호흡이라는 것도, 나무들에게도 가족 같은 이웃이 있다는 것도 그때 알았습니다.

일 년쯤 지난 뒤, 문득 다시 숲을 쳐다보는데 아, 죽어가던 그 나무가 보이지 않았습니다. 이상하다 싶어 꼼꼼히 살펴보았더니, 우듬지에서 푸른 잎들이 돋아나 있었고, 곁을 지켜주던 나무들은 부지런히 자신들에게 속삭여주는 새들의 지저귐을 퍼 나르고 있었습니다. 아까시꽃에서 솟아나는 향기도 제 발로 성큼성큼 건너가는 것이었습니다.

다시 숲의 일원이 되겠다는 간절함, 그리고 금방이라도 꽃을 피우겠다는 굳은 의지 같은 것이 이미 메아리처럼 숲으로, 산으로, 퍼져가고 있었습니다.

되살아난 나무에게는 분명 이웃의 안녕을 묻는 측은지심의 살결과 근육이 나이테로 새겨져 있겠구나 하는 생각도 퍼져가고 있었습니다. 나도 그렇게 살아난 적이 있었으니까요.

— 「나무에게도 이웃이 있다」 전문(『사선은 둥근 생각을 갖고 있다』, 2021)

시에서는 이웃의 나무들이 죽어가던 아까시나무를 살려냈다. 그들의 구체적인 행위는 "거센 비바람의 생명력을 끌어당겨 고사 직전의 나무에게 다가가" 자신들의 "건강한 팔뚝으로 와락 껴안았다가 놓아주기를 무수히 되풀이하"는 것이었다. 그야말로 적극적인 구명 활동. 화자는 그런 행위를 "다시 살아나라. 죽으면 안 돼."라는 사람과 사람 사이에 행해지는 인공호흡에 견주고 있다.

그렇게 일 년 후쯤 되살아난 아까시나무에게 이웃의 나무들은 "부지런히 자신들에게 속삭여주는 새들의 지저귐을 퍼 나르"기도 하고, 덩달아 아까시꽃 향기도 "성큼성큼 건너가는" 풍경을 연출하기도 하였다. 어찌 이 감동이 숲으로만 산으로만 퍼져갔을까. 이 감동에 나도 동참하지 않을 수 없었다. 그리고 이웃에 누가 살고 있는지조차 모른 채 바삐 살아가는 인간 세계에도 이 사실을 알리고 싶었다.

그리고 기억하자. 고사 직전의 아까시나무에게도 분명, "다시 숲의 일원이 되겠다는 간절함, 그리고 금방이라도 꽃을 피우겠다는 굳은 의지 같은 것"이 있었다는 것도, 되살아난 아까시나무의 나이테에 이런 '회생' 혹은 '환생'의 기록이 새겨 있을 것이라는 것도.

내시 승극철 부부는 다산(多産)의 꿈을 꾸었을 것이다

아래에 펼쳐놓는 필자의 시 한 편, 읽어보자. 몇 년 전 어느 겨울날, 싸락눈 내리던 때였다.

지금, 싸락눈은 분신과 같은 자식들을 낳고 있네.
아내와 자식들과 함께 오래 살고 싶었을,
지극히 평범한 삶을 꿈꾸었을,
내시들의 절박한 꿈의 축적인가. 혹은,
왕들의 비밀을 알면서도 간직해야만 했던
이승에 채 풀지 못하고 떠난 내시들의 슬픈 한풀이인가

싸락눈은
살아생전 받았던 벼슬은 무용지물이었다고
빗돌에 새겨진 직함을 덮어버릴 것처럼 쌓이고 또 쌓이고

> 산 근처 아파트에서 산책 나온 수많은 불빛이
> 이 산 구석구석에 남아 있는 사내들의 다산(多産)의 욕망과
> 몸을 섞으며 수다를 떨고
>
> – 「내시들의 무덤에 싸락눈 내리고」 전문(『종달새 대화 듣기』, 2022)

이 시의 공간적 배경은 초안산. 서울 노원구 월계동과 도봉구 창동에 걸쳐 있는 해발 114m 정도의 나지막한 산이다. 이 산이 갖는 지명도는 사적 제440호 '서울 초안산 분묘군'으로 지정되었다는 사실에서 비롯된다. 내시를 비롯한 궁녀 및 양반에서 서민에 이르는 1,000여 기의 조선 시대 분묘군이 자리 잡고 있기 때문이다.

특히 주목할 점은 내시의 무덤. 기록에 따르면, 이 산에는 수많은 내시 무덤이 있었고, 일제강점기까지도 동네 주민들이 내시들의 제사를 지내주었다고 한다. 묘비가 없고 봉분의 흙이 깎여 나가는 바람에 묘의 주인을 확인할 수가 없는 것도 상당수다.

그래서인지 단연 눈에 띄는 것은 내시 승극철 부부의 묘. 나는 이 부부의 묘 앞에서 발걸음을 멈추고 한참 동안 사색에 잠겼던 기억이 또렷하다. 시를 쓴 것도 이 부부의 묘에서 촉발되었다.

승극철 부부의 묘비에는 '통훈대부행내시부 상세승공극철양위지묘(通訓大夫行內侍府 尙洗承公克哲 兩位之墓)'라고 쓰여 있다. 이는 승극철이 통훈대부(通訓大夫)라는 종3품의 품계를 가진 사람이지만, 실제로는 내시부 정6품 상세직(尙洗職)에 있었다는 기록을 설명한 것. 여기에서 '행(行)'은 종3품의 품계를 가진 자가 정6품의 하급 관직을 지낼 경우

에 쓰는 글자로 이해하면 된다. 상세직은 대전의 그릇 등을 담당하는 직책이다. 그는 조선 숙종 때의 사람으로 추청된다.

무엇보다 내가 관심을 갖고 본 글귀는 '양위지묘(兩位之墓)'. 부부가 나란히 묻혀 있는 묘라는 뜻이다. 내시의 부부애를 엿볼 수 있는 소중한 문화유산으로 아기를 소망했던 그들의 염원이 읽힌다. 죽어서도 같이 있고 싶어 하는 마음과 함께 현세에 갖지 못하는 아기를 바라는 간절함이 내 가슴으로 감정이입 된다. 다산을 꿈꾼 것이다. 문득, 출산율이 가장 낮은 나라가 된 작금의 대한민국 상황과 이 내시 부부의 꿈이 수레바퀴처럼 서로 맞물려 여러 생각이 몰려왔다.

대한민국은 이제 분명한 저출산 국가. 내시로 살아가면서 진정으로 아기를 갖고 싶어 했던 승극철 부부의 묘, 그 봉분 위로 분신과 같은 자식들을 낳고 있었던, 절박한 꿈의 축적으로 내렸던 그해 겨울의 싸락눈. 나는 지금, 그때의 싸락눈처럼 이 땅에도 아기들의 울음소리가 울려 퍼졌으면 하는 기대를 가져본다.

시(詩)와 수학(數學)은 예술의 영역에서 같이 호흡하는 존재

시와 수학의 공통점은 무엇일까. 평소 시를 쓰는 시인의 입장에서 한 번도 생각해보지 않았던 것인데, 한국인 최초로 '수학계 노벨상'으로 불리는 '필즈상(Fileds Medal)'을 수상(2022년 7월 5일)한 허준이 미국 프린스턴대 교수가 그와 관련한 언급을 하였기에, 인용하여 그 속살을 들여다보고 함께 사색하는 시간을 가져볼까 한다.

"수학은 자유로움을 학습하는 일", "표현하기 어려운 것을 언어로 소통하는 시도가 시라면, 땅으로 끌어 내리기 어려운 추상적 개념을 수와 논리로 표현하는 것이 수학", "인생도, 수학도 성급히 결론 내지 마세요", "수학은 저 자신의 편견과 한계를 이해해가는 과정".

우선, 수학 학자가 한 이런저런 표현에서 사람의 향기가 난다. 적잖이 공감이 가서 자연스럽게 고개가 끄덕여진다. 시와 수학의 공통점,

혹은 그 각각의 특징을 제대로 관통하고 있다는 생각이 들기 때문이다. 그가 남긴 말들을 종합해서 하나의 명제로 정의한다면, '시와 수학은 예술의 영역에서 같이 호흡하는 존재'가 어울릴 듯.

특히, "수학은 자유로움을 학습하는 일"은 "시는 자유로움을 학습하는 일"로 치환이 가능하다. 역시, "수학은 저 자신의 편견과 한계를 이해해가는 과정"은 "시는 저 자신의 편견과 한계를 이해해가는 과정"으로 바꾸어 서술해도 그리 이상하지 않다. 무엇보다, "인생도, 수학도 성급히 결론 내지 마세요"는 시와 수학이 우리의 삶이나 살아가는 방식과도 밀접하게 이어져 있다는 해석이 가능한 문장이기에 읽는 이의 가슴에 거부감 없이 흡인된다.

이처럼 앞에서 서술한 허준이 교수의 말들이 공감을 수반하는 것은 아마도 그가 기형도 시인의 작품을 무척 좋아해, 어릴 때 시인을 꿈꾸던 문학 소년이었다는 이력과도 깊은 관련성을 갖는다고 보인다. 시인이 되고 싶었던 소년이 세계적인 수학 학자가 되었기에 가능한 것이리라. 역으로 이야기하면, 수학 학자를 꿈꾸던 소년이 후에 시인이 됐더라도 이러한 발언은 같은 값어치로 우리에게 전해질 것으로 생각된다.

평소, 나는 '시인'과 '수학자'는 서로 어울리지 않는, 공통분모가 없는 직업이라고 생각하고 있었다. 단 하나의 오차도 허용하지 않는 것을 정답으로 규정하는 과목이 수학이기에, 시와 수학은 서로 대척점에 위치하고 있다는 편견을 갖고 있었다. 그런데 "수학은 자유로움을 학습하는 일"이라니, 정신이 번쩍 든다.

문득, 오로지 정답만을 강요받으며 수학 문제를 풀어야 했던 우리의 학창시절이 떠오른다. 심지어 국어 시험에 시 감상과 관련된 문제가 출제되면, 그것 역시 오로지 정답 하나만 인정받던 때였다. 우리는 그렇게 살아야만 했다. 아니, 그것은 현재의 학생들에게도 진행형이다. 시를 감상하는 문제도 정답 하나가 아니면 다른 것은 다 틀렸다는 판정. 그 정해진 틀에 우리는 모든 사고를 끼워 맞추고 살고 있지는 않은지, 이번 기회에 한 번 더 되돌아봐야 한다. 그리고 하루속히 그 개선책을 제시해야 한다.

심지어 대학입시에 시 문제가 출제된 경우, 그 시를 직접 쓴 시인이 해당 문제를 풀었을 때 제대로 답을 맞추지 못하는 아이러니가 벌어지는 일이 회자된 적이 있었다. 그런 현실을 감안하면, 시는 결코 자유로움을 학습하는 일과는 거리가 멀다. 상상력을 제어하고 통제하는 역기능이 발생하고 있는 것이다.

좀 더 생각을 확장하면, 이학 분야에서 수학만이 자유로움을 학습하는 것은 아니다. 수학만이 자신의 편견과 한계를 이해해가는 과정은 아니다. 물리학, 화학, 천문학, 생물학, 지질학 등의 자연 과학도 같은 시각을 반영하지 않을까. 수학 학자가 풀리지 않은 난제를 풀기 위해 상상의 유영(遊泳)을 펼치는 과정을 '자유로움을 학습하는 일'이라고 했을 것이다. 문제를 하나씩 해제하는 과정이 마치 '자신의 편견과 한계를 이해해가는 과정'으로 여겼을 터.

'자유로움'과 '상상' 그리고 '자신의 편견과 한계를 이해해가는 일', 이런 핵심어가 서로의 온기를 품고서 '아름다운 세상'을 지향한다면,

시와 수학은 예술의 영역에서 같이 호흡하는 존재다.

  이 글을 쓰고 있는 지금 밖에서는 장맛비가 내리고 있다. 계속된 가뭄으로 쌓인 갈증을 풀려는 사람도 자연도 서로를 아름답게 품고 있다. 젖어가는 존재들이 빚어내는 소리가 행복한 음악으로 들려온다.

손글씨와 필사에 관한 단상

 이번 학기에도 어김없이 학생들에게 손글씨 과제를 내주었다. 대학에서 외국어 강의를 한 지 삼십오 년도 넘었지만, 한결같이 손글씨 과제를 부여했다. 과제는 본문에 나오는 문장을 노트에다 '세 번 이상씩' 쓰는 것. 물론, 왜 세 번 이상을 써야 하는지 그 이유도 설명해주었다. 첫 번째 쓸 때는 본문을 '소리 내서 읽으면서' 쓰고, 두 번째 쓸 때는 '읽으면서 외우면서' 쓰고, 세 번째 쓸 때는 '외우면서' 쓰라고 주문했다. 세 번을 써도 효과가 없을 때는 세 번 이상, 그 문장이 자기 것으로 스며들 때까지 쓰라고 하면서. 제대로만 하면 공부의 효과가 나타날 것이라는 조언도 잊지 않았다.
 놀랍게도 그렇게 부과한 쓰기 과제는 대부분 학생이 제출했다. 물론, 학점에 반영되니까 억지로 쓴 느낌을 주는 노트도 있었지만, 많은 학생은 교수의 주문과 의지대로 잘 따라주었다. 효과가 있었다. 이런 교수법은 당분간 버릴 생각이 없다.

혹자는 지금과 같은 디지털 세상에 왜, 손글씨 과제를 강요하는가, 하는 의문을 제기할 수도 있을 것이다. 그러나 "손글씨는 뇌를 활성화시킨다", "손으로 펜을 움직이는 운동 제어가 글을 읽고 이해하는 뇌의 인지 발달을 돕는다", "손은 제2의 뇌다"와 같은 다수의 연구 결과를 반영하면, 손글씨는 우리의 두뇌를 활용할 수 있는 유용한 공부 방법의 하나임을 간과해서는 안 된다. 특히, 글을 처음 배우는 어린이에게나 외국어 공부를 시작한 사람에게는 적극적으로 추천한다.

이렇게 점차 일상에서 생기를 잃어가는 손글씨와 함께, 이제는 낯선 용어가 되어 버린 듯한 것이 필사(筆寫)다. 필사는 말 그대로 베껴쓰는 행위. 고전이든 현대물이든 명작을 하나하나 베껴 쓰는 연습인데, 뛰어난 문학작품을 비롯한 모든 장르의 예술작품, 신문 기사, 명칼럼, 논문 등 그 대상을 가리지 않는다.

우리는 지금 모든 일에 '빨리빨리'를 요구하는 세상에 길들어져가고 있다. '느림'은 퇴보를 의미하는 개념으로 정착해버린 느낌이다. 그러나 필사는 반드시 느림의 미학이 필요하다. 느림은 집중력의 근육을 키우는 중요한 재료가 된다. 행간에 존재하는 뜻을 생각하면서 손으로 천천히 써야 하기 때문이다. 예를 들어, 문학작품에 쓰인 글자와 문장을 하나하나씩 필사한다고 생각해보자. 그런 과정에서, 그 글자와 문장에 담긴 작가의 뜻과 상상력을 만나는 짜릿한 경험, 그것이 나의 것으로 내 몸속으로 정착해가는 느낌을 받는다면 필사는 작가와의 아름다운 동행이 된다. 나는 그것을 '체화(體化)'라는 말로 표현하고 싶다. 생각, 사상, 이론 따위가 몸에 배어서 자기 것이 된다는 뜻이다.

옛날에는 남에게 고용되어 필사를 하고 사례를 받는 사람들, 즉 '용서(傭書)'라는 직업이 있었는데, 후한 때의 '반초(班超)'나 '왕부(王符)'는 필사의 과정을 거쳐 학자로 성공한 대표적인 인물들이다. 필사의 중요성을 일깨워주는 좋은 사례로 들 만하다. 물론, 지금의 유명 작가들에게도 필사는 글쓰기 수행 방식의 하나로 회자된다.

나 역시 글을 써나가는 과정에서 글이 잘 풀리지 않으면 좋은 글을 따라 써 본다. 때로는 낭송을 하기도 한다. 그러면 마음이 편안해진다. 지금까지 읽었던 감상에 더하여 또 다른 상상이 펼쳐지는 행운이 찾아온다. 새로운 상상과 신비의 느낌을 그 작품 옆에 써두는 호사를 누린다. 나에게 생산을 일으킨 결과를 낳은 것이다.

필사가 과연 자신에게 도움이 될까 하며, 의아하게 혹은 어렵게 생각하는 사람이 있을지도 몰라 방법 하나를 권해드린다. 굳이 그 텍스트를, 그 콘텐츠를 다 베끼려고 하지 말자. 그럴 필요 없다. 자기가 감동을 느끼고, 자극을 받았던 부분만 베껴 써보면 된다.

눈으로 하는 독서에 손과 머리로 하는 독서, 즉, 필사를 병행해보자. 느림의 미학이 속독보다 더 효율적이라는 생각에 접근했다면, 당신의 글쓰기와 당신의 생각에도 꽃이 피고 있다는 방증이다. 평소 글쓰기에 자신 없는 사람이나 책을 읽었더라도 무엇을 읽었는지 정리가 안 되는 사람에게 추천하고 싶다.

손글씨든 필사든 손으로 쓰는 행위가 점점 사라져가고 있다. 손은 제2의 뇌다. 적극적으로 활용해야 한다. 문득, 어느 작가가 대학 시절, 평소 자신에게 관심이 없었던 여인에게 노트 필기한 것을 보여주었더니, 자신에게 호감을 갖게 되는 계기로 작용했다는 이야기가 떠오른다. 손글씨가 그 사람의 인상까지 바꿀 수 있다는 함의다.

한자를 공부한다는 것

언젠가 강의시간에 학생들에게 옥편을 갖고 오라고 한 적이 있었다. 한자를 잘 모르는 요즘 학생들에게 '어떻게 하면 한자 공부를 쉽게 공부할 수 있을까'를 알려주기 위해서였다. 강의의 성격상 한자를 모르면 제대로 공부를 할 수 없기 때문이기도 하지만, 기본적으로는 한자를 알아야 우리나라 말도 잘 이해할 수 있다는 것을 인식시켜주고 싶었기 때문이다. 그런데 문제는 옥편이 무어냐고 묻는 학생도 있었고, 옥편이 무엇인지 알고는 있어도 집에 옥편이 없다는 학생도 상당수였다. 이렇게 한자는 일상에서 불편한 존재로 우리와 같이 호흡하고 있다.

누가, 한글만 잘 알면 되지 한자까지 알아야 하냐고 반문을 할지 모른다. 정확히 말하면, 우리말을 잘 안다는 것과 한자를 안다는 것은 별개의 사안이 아니다. 한국어를 구성하는 어휘의 약 70%가 한자어로 되어 있다는 것은 잘 알려진 사실이다. 한자를 모르면 우리말과 우리글을 잘 이해하지 못하는 것은 당연한 일. 이해하기 어려운 어휘를 한자로 풀어서 설명해주면 이해를 돕는 데 수월하게 작용하지 않는가. 그것이 현실이다. 이는 한글이 가진 절대적인 우수성을 깎아내리는 행위가 아니다. 전혀 차원이 다른 문제다.

오래전의 일이지만, 나는 현대그룹에서 한자 시험 출제위원을 몇 년간 한 적이 있다. 당시 입사하는 신입사원들은 면접과 함께 별도로 한자 시험을 쳐야만 했다. '국제화', '세계화'를 지향하던 사고가 꽃 피던 시절, 한자가 필요했던 것으로 회고된다. 중국이나 일본과 서로 무역을 하고 소통을 하는 과정에서 한자를 모른다는 것이 한자 시험을 치게 한 이유였다.

한국, 일본, 중국, 세 나라의 동아시아에 공통으로 적용되는 문화가 무엇이 있을까를 생각해보면, 쌀, 불교, 유교 그리고 한자를 들 수 있을 것이다. 분명, 한자는 세 나라의 문화적 유대와 교류에 중요한 바탕이다.

우리가 정한 상용한자는 1800자. 일본은 2136자다. 2010년까지는 1945자였는데, 주로 글자체가 바뀐 경우가 대부분. 다시 말해서 한국인이 우리가 생활에서 쓰는 상용한자를 알면, 일본에서 쓰는 한자를 이해하는 데 크게 불편함이 없다는 뜻이다. 중국에서는 한자 2500자를 알면, 일상생활에 쓰이는 한자 대부분이 해결된다는 문장도 읽은 적이 있다. 우리가 쓰는 상용한자 1800자도 일본, 중국 두 나라의 언어를 습득하는 데 중요한 기초자산이 될 수 있다는 의미다. 이런 현실을 반영하듯, 몇 년 전에는 동아시아 세 나라가 모여서, 한자 808자를 공통한자로 지정한 사실도 있다.

　대한민국은 새삼 통계를 인용하지 않아도 교육열이 높은 나라, 고학력 국가다. 고등학교 이상의 교육을 받은 사람이 신문에 나오는 용어를 제대로 이해하지 못하는 현실이 초래되어서는 안 된다. 지금, 한자 교육을 찬성하느냐 반대하느냐 하는 식의 양자택일을 강요하는 분위기는 더욱더 안 된다. 어떻게 하면, 사람들에게 한자를 쉽게 가르칠 것인가 하는 현실적이고 효율적인 방법을 고민하고 실천하는 것이 좋은 사고다. 미래지향적 사고다. 우리말의 약 7할이 한자어라는 것은 부정할 수 없는 사실이기 때문이다.

　한자는 암기과목이라서 그때그때 잠깐 외우면 된다는 그릇된 인식도 심어주어서는 안 된다. 우리와 같이 일상에서 호흡하는 문자다. 만 17세 이상의 대한민국 국민이 갖는 주민등록증에도 한글과 한자가 병기되어 있다. 자신의 이름을 한글과 영어 표기는 자연스럽게 할 줄 아는데, 한자는 잘 쓰지 못하는 현실이라면 그것도 정상적이지 않다.

　우리가 한자를 공부한다는 것은 우리말을 잘 이해하는 중요한 방식의 실천일 뿐이다. 다만, 지나치게 어려운, 일상생활에서는 거의 쓰지도 않은 한자를 다용하는 것도 당연히 지양해야 한다. 그런 행위가 일반 사람들에게서 한자를 멀어지게 하고 불편하게 하는 요인으로 작용할 것이다. 한자와 우리와 편안하게 동행하는 길, 그런 일상을 꿈꾼다.

사전과 친숙해지자

　일상에서 사전과의 간격이 멀어지고 있다. 사람들이 사전을 거의 찾지 않는다는 뜻이다. 안타깝다. 종이사전이건 인터넷 사전이건 사전 찾는 일에 인색하다. 이대로 가면 종이사전은 사라질 운명을 맞을지도 모른다. 기우가 아닐 것이다. 사전이란 존재의 값어치가 점점 상실해가는 세상을 살고 있다.

　누군가는 왜, 지금, 뜬금없이 사전 이야기를 꺼내는가 할지 모르겠다. 작금에 우리 사회에서 제기되고 있는 '문해력 저하'와 일정 부분 연관을 맺고 있다는 생각 때문이다.

　최근 논란이 된 표현인 '심심한 사과'에 주목해보자. 어느 콘텐츠 전문 카페가 한 웹툰 작가 사인회의 예약 오류에 대해 사과하면서, "예약 과정 중 불편 끼쳐 드린 점 다시 한번 심심한 사과 말씀드립니다"라는 공지 글을 올리자, "제대로 된 사과도 아니고 심심한 사과? 진짜 XXX들 같다.", "이것 때문에 더 화나는데 꼭 '심심한'이라고 적어야 했나"라는 등의 격한 반응이 이어졌다. 트위터 실시간 트렌드로 '심심한 사과'가 등장하는 해프닝도 벌어졌다.

'심심(甚深)'은 '마음의 표현 정도가 매우 깊고 간절함'이란 뜻이다. 그런 마음을 담아 사과를 한 것인데, '하는 일이 없어 지루하고 재미가 없는 사과'로 받아들인 것. 문해력의 저하가 불러온 촌극이다.

단어의 뜻을 잘 모르면 사전을 찾아보면 간단히 해결된다. 살아가면서 모르는 단어를 접하는 경우는 얼마든지 있을 수 있는 일. 문제는 단어를 모르는 것보다 단어를 찾지 않는 행위다. 해결 방법에 대한 고민을 전혀 하고 있지 않다는 뜻이다.

단어를 찾는 일, 그런 행위를 계속하면 자신의 언어가 확장된다. 언어의 확장은 사고의 확장으로 이어진다. 사고의 확장은 새로운 창조로 이어지는 힘을 가진다. 언어는 그렇게 무한한 생명력을 지닌 고귀한 것이다. 인류가 선물 받은 중요한 재산인 언어를 왜 등한시하는가.

사전은 정확한 뜻과 다양한 의미와 마주할 수 있다. 사전은 단어를 몰라서 찾는 경우에만 국한된 도구가 아니다. 잘 활용하면 좋은 스승이 된다. 한 단어에 엄청나게 많은 뜻이 있는 경우에는 그 단어 하나만으로도 재미있는 공부, 훌륭한 독서가 된다. 단어 하나에 펼쳐진 다양한 뜻을 읽다 보면, 단어가 제공해준 상상의 바다가 가슴속에 출렁거리는 경험을 하게 된다. 거기에서 창작의 재료도 생긴다. 사전이 삶의 동반자가 되는 경험은 그렇게 촉발된다.

나는 이 글을 쓰면서 제목을 '사전과 친숙해지자'라고 붙였다. 사전이라는 말에 괄호를 하고 한자를 넣지 않았다. 사전은 두 개의 한자를 갖고 있기 때문이다. 일반적으로 사전, 하면 우리가 흔히 알고 있는 '말을 찾는 사전'으로 이해한다. 이때의 한자는 '辭典'. 그러나 사전은 다른 한자를 쓰는 것이 있다. '사전(事典)'이 바로 그것이다. 전자의 '辭典'은 어떤 범위 안에서 쓰이는 낱말을 모아서 일정한 순서로 배열하여 싣고 그 각각의 발음, 의미, 어원, 용법 따위를 해설한 책으로, 국어사전, 영어사전 할 때의 그 개념이다. 후자의 '事典'은 여러 가지 사항을 모아 일정한 순서로 배열하고 그 각각에 해설을 붙인 책을 가리킨다. 백과사전이 그 예에 해당한다. 역시 이 두 개의 '사전'의 의미를 모르면 사전을 찾아보면 될 일.

나는 평소 누구보다 사전을 자주 찾는다. 아직도 외국어 공부를 하고 있고, 번역을 하고 있기 때문이다. 학생들에게도 주위 사람들에게도 사전을 찾으라는 얘기를 자주 한다. 정확한 뜻을 안다는 것은 중요한 일이기 때문이다. 평소 궁금증을 가졌던 것을 알기 위해서도 이런저런 사전을 통해서 갈증을 해소한다. 지식을 얻었다는 기쁨은 즐거운 수확이다. 그럴 때는 사전은 삶의 동반자다.

한자의 경우는, 한자 사전에서 부수를 통해 또는 전체 획수를 통해 찾을 수 있지만, 이제는 '한자 필기 검색 사이트'에서 직접 써서 그 뜻을 확인할 수도 있다. 그만큼 편리한 세상이 되었다. 그런데 사람들은 이런 편리한 사전의 기능을 얼마나 활용할까. 덧붙이면, 만일 한자에 대한 거부감이 있다면, 그 거부감을 없애고 친숙해지는 방법을 찾아야 한다. 우리말 단어의 7할 정도는 한자어가 아닌가.

이제부터라도 정확한 뜻과 다양한 의미를 알려주는 사전의 기능을 적극 활용하자. 복잡해지고 다양해지는 세상을 살아가는 지혜다. 그런 습관이 필요하다. 사람과 사전과의 간격이 가까워질수록 문해력도 향상된다.

지금, 다시, '조선통신사'의 의미를 생각한다

다음은 일본에서 발행된 『중 고교생을 위한 조선·한국의 역사』라는 책에서 인용한 '조선통신사'에 관한 서술의 일부다. 필자가 직접 번역하여 소개한다.

"조선왕조로부터 에도 막부(江戶幕府)의 쇼군(將軍) 교체에 즈음하여 파견된 사절. 각지에서의 교류가 있었다. 도쿠가와 이에야스(德川家康)는 세키가하라 싸움(1600년)에 승리하자마자, 쓰시마의 소우지를 중재자로 삼아 조선과의 국교회복을 꾀했다. 조선왕조는 국교회복의 조건으로, 두 번 다시 조선을 침략하지 말 것, 침략 때 왕릉을 파헤친 범인을 인도할 것 등을 요구했다. 이에야스는 그 요구를 받아들였고, 1607년에 조선은 '통신사'를 파견할 것을 약속하고, 이후 에도 막부 말기인 1811년까지 12회 파견하게 된다.

통신사는 정사, 부사 외에 유학자, 의사, 화가 등을 포함하여 모두

500명이 넘는 경우도 있었다. 조선통신사가 에도(지금의 도쿄)로 향하는 동안, 각지에서 일본의 문인, 학자들과 서로 교류를 나누는 것을 볼 수 있었다. 한편, 일본에서의 사절은 한양까지 가는 것이 허용되지 않았고, 부산의 왜관에서 응대를 받았다. 일본에 대한 불신이 완전히는 씻겨 사라지지 않았던 것이다."

보통의 한국인이 생각하는 것처럼, 조선통신사는 그야말로 '조선시대 조선에서 일본의 막부 쇼군에게 파견되었던 공식적인 외교사절'이었다. 한국에서 조선통신사를 소개하는 몇 개의 글도 일본에서의 그것과 비교하면 거의 일치한다.

조선통신사에서 '통신(通信)'은 '서로 신의를 갖고 교류하자, 좋은 인연을 갖고 교류하자'는 뜻을 머금고 있다. 따라서 우리가 앞의 인용문에서 특히 주목해서 읽어야 할 문장도, "조선통신사가 에도로 향하는 동안, 각지에서 일본의 문인, 학자들과 서로 교류를 나누는 것을 볼 수 있었다"이다. 중요한 것은 조선통신사는 '양국의 사람들은 더 이상 적대적인 관계가 아니라, 선린우호의 정신으로 만남을 갖자'는 생각에서 출발했다는 사실이다.

실제로 통신사 일행이 들른 일본 땅 여기저기에서는 학문과 예술을 통해 풍부한 교류가 이루어졌다. 그들이 묵었던 숙소에는 통신사를 보고자 하는 여느 사람들뿐만 아니라, 적극적으로 교류를 원하는 문인 등이 몰려들었다. 통신사는 대개 6개월에서 1년 가까운 시간이 소요될 만큼 긴 여정을 소화했다. 그들의 행렬을 그린 병풍·회권(繪

卷)·판화 등의 형태가 일본에서는 고스란히 남아 후세의 사람들에게 당시의 모습을 잘 전해주고 있다. 회권은 '두루마리 그림'이라는 뜻으로, 장대한 화면을 만들고 정경이나 이야기 등을 연속해서 표현한 회화형식의 하나다.

조선통신사는 그야말로 거의 200년이나 계속된 두 나라의 우호적인 교류였다. 이는 세계사적으로 유례를 찾기 힘든 소중한 사례. 지금도 일본에서는 매년 당시의 행렬을 재현한 조선통신사 관련 축제가 여기저기에서 열리고 있는데, 왜 이 축제가 유네스코의 '세계기억유산'으로 등록(2017년)되었는지 그 의미를 살필 필요가 있다.

조선통신사는 부정할 수 없는 한일 문화교류의 상징이다. 통신사 중 일부는 일본인에 대해 문화적 우월감을 갖고 있었다는 기록도 보이지만, 대체로 그들은 일본의 정세나 정보, 그리고 일본인을 살피는 데 소극적이지는 않았다. 다만, "이들의 사고방식이 너무 경직돼 있었고, 중화적 질서와 주자학적 사상 체계를 벗어나지 못했기에, 조선은 일본을 파악하는 데 지나치게 시간이 많이 걸렸다. 하지만 일본은 부산의 왜관과 대마도를 통해 늘 조선의 문물을 수입하고 있었기에 조선을 잘 알고 있었지만, 조선은 일본을 너무나 몰랐다"는 주장(구지현박사)에는 충분히 귀 기울일 필요가 있다.

무엇보다 문화적으로도 양국의 교류는 더 적극적으로 활성화되어야 한다. '동아시아의 평화를 잃고서는 일본의 평화는 없다'는 사백여 년 전의 도쿠가와 이에야스의 생각. 그리고 그런 그의 생각에 거짓이 없다고 판단하고, 포로의 반환과 사죄를 조건으로 조선통신사를 파견한 조선 정부. 지금이야말로 한일 양국은 조선통신사의 선린외교 정신을 되새기고 곱씹어봐야 할 시점이다.

일본의 국민 시인 미요시 다쓰지(三好達治), '불국사'를 절창하다

'경주 불국사 근처에서'라는 부제를 붙인 「겨울날(冬の日)」이라는 시는 다음과 같이 시작된다. 이하 번역은 필자.

아아 지혜는 이러한 조용한 겨울날에/ 그것은 문득 뜻하지 않은 때에 온다/ 인적 끊긴 곳에/ 산림에/ 이를테면 이러한 절간의 뜰에/ 예고도 없이 그것이 네 앞에 와서/ 이럴 때 속삭이는 말에 믿음을 두어라/「고요한 눈 평화로운 마음 그 밖에 무슨 보배가 세상에 있을까」

전체 5연 50행의 장시로 이루어진 이 작품의 첫째 연이다. 시를 곱씹어 읽다 보면, 특히 마지막 8행 "고요한 눈 평화로운 마음 그 밖에 무슨 보배가 세상에 있을까"에는 이 작품의 주제로 받아들일 만한 견고함 같은 것이 배어 있음을 느끼게 될 듯. 불국사의 깊이를 읽어내려는 시인의 심안(心眼)이 고스란히 전해져 오기 때문이다. 그 심안은 무척이나 맑고 깊어, 독자들에게 강하게 뿌리를 내린다. 이 구절은 이 시가 명작으로 평가받는 중요한 기능을 할 뿐 아니라, 동시에 일본인에게 불국사를 알리는 계기가 되기도 한다. 시의 마지막 5연에도 되풀이되어 나온다.

시는 또 2연, 3연, 4연에서 불국사와 그 주변 경관과 함께 화자의 심정을 다음과 같이 그려낸다.

(전략) 비바람에 시달린 자하문 두리기둥에는/ 그야말로 겨울 것이 분명한 이 아침의 노랗게 물든 햇살/ 산기슭 쪽은 분간할 수 없고 어슴푸레 안개 속에 사라진 저들 아득한 산꼭대기 푸른 산들은/ 그 청명한 그리하여 마침내는 그 모호한 안쪽에서/ 공간이라는 유구한 음악 하나를 연주하면서/ 이제 지상의 현실을 허공의 꿈에다 다리 놓고 있다// 그 처마 끝에 참새 떼 지저귀고 있는 범영루 기왓골 위/ 다시 저편 성긴 숲 나뭇가지에 보일 듯 말 듯하고/ 또 그쪽 앞의 조그마한 마을 초가집 하늘까지/ 그들 높지 않고 또한 낮지도 않는 산들은/ 어디까지고 멀리 끝없이/ 고요로 서로 답하고 적막으로 서로 부르며 이어져 있다// 그렇게 나는 이제 이 절의 중심 대웅전 툇마루에/ 일곱 빛 단청 서까래 아래 쪼그려/ 부질없는 간밤 악몽의 개미지옥에서 무참하게 지쳐 돌아온/ 내 마음을 손바닥에 잡듯이 바라보고 있다 (후략)

화자는 "자하문", "범영루", "대웅전" 등을 중심으로 불국사가 지닌 오랜 역사성을 묘사하면서, 절과 절을 둘러싼 공간과 시간을 함께했으면 하는 생각을 "공간이라는 유구한 음악 하나를 연주"(2연)한다거나, "고요로 서로 답하고 적막으로 서로 부르며 이어져 있"(3연)다고 노래한다. 그리하여 "나는 이제 이 절의 중심 대웅전 뒷마루에/ 일곱 빛 단청 서까래 아래 쪼그려/ 부질없는 간밤 악몽의 개미지옥에서 무참하게 지쳐 돌아온/ 내 마음을 손바닥에 잡듯이 바라보고 있다"(4연)는 서술에 이르면, 풍경을 바라보는 시인의 내면이 읽힌다. 그것은 곧 계절의 추이도 자연의 이치도 이곳 불국사에서 발현한 것이라는 함의가 느껴진다는 뜻이다.

이처럼 이 시는, 천년 고도 경주를 대표하는 문화유산인 불국사라는 역사의 현장과 그 장구한 역사에 동화되고자 하는 시인의 의지가 드러난 작품으로 평가할 수 있다.

이 시를 쓴 사람은 일본인에게는 국민 시인으로 불릴 만큼 잘 알려진 미요시 다쓰지(三好達治, 1900-1964). 도쿄대학 불문과 출신인 그는 1940년, 일제강점기 때 불국사를 찾아 그 감흥과 희열, 그리고 인생을 관조하는 깊이를 「겨울날」이라는 시로 풀어냈다. 그는 한국의 오랜 유적이 있는 경주와 부여 등을 찾아, 신라와 백제의 역사를 떠올리며 여러 편의 시를 남겼는데, 그 작품들은 성격상 한반도의 역사와 호흡하려는 개방된 의도를 보여준다. 물론, 이러한 문화적 개방성은 일본이라는 민족, 국민, 국가 단위에 그치는 범주를 넘어서 장구한 역사, 보편적인 가치와 소통하겠다는 뜻으로 읽히기에 충분하다.

그는 1960년에도 불국사를 노래한 시 「백 번 이후(百たびののち)」를 발표하여, 또다시 불국사에 대한 그리움을 표출하기도 한다. 시의 마지막 두 개의 행, "나를 위해서는 참으로 좋은 노래를 들려주신 불법(佛法)의 동산/ 백 번 이후에 청명하게 다시 생각한다 그 아침의 맑고 고움을"에는 불국사에 대한 시인의 변함없는 애정이 담겨 있다.

한국인과 일본인이 서로의 나라에 호감을 갖는 생각이 늘어가고 있는 요즘, 미요시 다쓰지의 시 「겨울날」을 읽으며, 서로의 문화유산에 대한 존중과 관심이 높아졌으면 하는 생각을 해본다. 지금은 입춘이 막 지난 무렵. 혹한이 많았던 날은 가고 봄이 손짓하고 있다.

일제강점기, 반식민지 투쟁을 시로 쓴 마키무라 히로시(槇村浩)가 있었다

1932년, 일제의 서슬이 시퍼렇던 때. 일제에 항거하여 한국의 독립을 이루자는 시「간도 빨치산의 노래(間島パルチサンの歌)」를 발표한 일본 시인이 있었으니, 그가 바로 마키무라 히로시(槇村浩, 1912-1938)다. 그는 한국인에게는 아주 생소한 인물. 그러나 우리는 이 작품이 한국인을 화자로 내세워, 간도와 함경도를 시의 공간적 배경으로 일제에 대한 반식민지 투쟁을 서술했다는 사실에 주목해야 한다. 시의 부분을 인용한다. 시는 무려 15연 183행이나 되는 장시.

(전략) 1919년 3월 1일을 잊을 수 있을까!
그날
「대한독립만세!」 소리는 전 국토를 흔들었고
짓밟혀진 일장기를 대신해서
모국의 깃발은 가가호호마다 나부꼈다

가슴에 밀려오는 뜨거운 눈물로 나는 그날을 생각한다!

반항의 우렁찬 고함은 고향의 마을에까지 전해졌고

자유의 노래는 함경의 봉우리 봉우리에 메아리쳤다

오오, 산에서 산, 골짜기에서 골짜기로 넘쳐났던 학대받은 자들의 무수한 행렬이여! (중략)

가련한 고국이여!

네 위에 서서 헤매는 주검의 냄새는 너무나도 애처롭다

총검으로 벌집처럼 찔렸고, 산 채로 불 속에 내던져진 남자들!

강간당하고, 살이 도려 나가고, 내장까지 끄집어내진 여자들!

돌멩이를 손에 쥔 채 목이 졸려 죽은 노인들!

작은 손에 모국의 깃발을 꽉 쥐고서 머리를 숙이며 엎드린 아이들! (중략)

생사를 빨간 깃발과 함께 하는 결사대

지금 장백의 봉우리를 넘어

혁명의 진군가를 전 세계에 울린

—바다를 사이에 두고 우리들 결의해 간다

—자 싸워라 자, 분기하라 자

—아아 인터내셔널 우리들의 것

  －「간도 빨치산의 노래」 부분 (『프롤레타리아문학』 4, 三一書房, 1954)

인용 부분은 전체 15연 중에서 6연, 7연, 9연, 15연의 일부다. 일제를 견뎌내며 살아야 했던 우리 선조의 모습과 일제를 향한 항거의 의지가 읽힌다. 무엇보다 1919년에 있었던 3·1만세 운동과 그와 관련한 서술, 그리고 독립을 되찾기 위해 죽어간 수많은 우리의 조상이 흘린 피가 가슴으로 다가와 흐르는 듯하다. 당시의 자료를 참고로 해서 보면, 시에서 다루고 있는 사건은 3·1만세 운동 외에도 1931년 간도에서의 '추수폭동'을 다루고 있다는 설도 있다. 그 무엇이든 당시에 자행되었던 일제의 만행을 사실적으로 고발하는 "주검의 냄새는 너무나도 애처롭다／ 총검으로 벌집처럼 찔렸고, 산 채로 불 속에 내던져진 남자들!／ 강간당하고, 살이 도려 나가고, 내장까지 끄집어내진 여자들!／ 돌멩이를 손에 쥔 채 목이 졸려 죽은 노인들!"과 같은 서술에서는 전율을 느끼지 않을 수 없다. 그리하여 결미의 "―자 싸워라 자, 분기하라"는 명령형 표현은 반드시 일제 타도를 해야만 한다는 당위성으로 읽힌다.

이처럼 이 시에는 일제강점기 당시 일제의 만행을 고발하며, 한국과 일본의 노동자들이 연대하여 일제를 몰아내자는 마키무라 히로시의 강한 의지가 담겨 있다. 인용 부분에서는 잘 드러나지 않지만, 시 전체로 보면, 한국의 독립을 바라는 간절함과 더불어 프롤레타리아 사상을 바탕으로 한 러시아 혁명도 다루고 있다는 점에서 이 작품은 성격상 프롤레타리아 시로 분류된다.

마키무라 히로시는 도쿄대학 문학부를 다니던 엘리트 청년이었다. 당시 '일본 프롤레타리아 작가 동맹'에 가입하여, 일제 통치를 받던 한국인들의 현실 상황과 한국인 민족주의자들의 항일 독립운동 등에 관심을 가졌던 인물이다. 한국인의 입장에서 보면, 무엇보다 일제강점기에 일본의 젊은 시인이 한국의 자주독립을 부르짖었다는 점에서 주목해야 한다. 그의 작품 「간도 빨치산의 노래」도 널리 읽혀야 할 것이다.

그리고 마키무라 외에도 일제강점기 때 일본 시인이나 일본 작가 중에는 한국의 독립을 희구하거나 한국과 한국인을 휴머니스트의 관점에서 그려낸 이들이 상당히 많이 있었다. 이들의 작품이 한일 양국 독자들에게 더 많이 읽히고 더 많이 알려졌으면 하는 바람을 가져 본다.

일제에 대한 강한 항거를 노래한 나카노 시게하루(中野重治)가 있었다

다음의 시는 일본어로 쓰인 시를 필자가 번역한 것이다.

올해 6월, 경성의 조선인 여학교에서, 총독부의 앞잡이인 교장이 학생들의 신망이 두터운 교사 한 명의 목을 슬그머니 잘랐다. 고별의 날이 다가왔다. 강단으로 올라간 교장이 간사한 목소리를 내기 시작한 바로 그때

한 소녀가 일어나서 외쳤다
-거짓말이다!/ 또 다른 소녀 하나가 외쳤다
-그건 거짓말이다!
-거짓말이다!
-거짓말이다!
-거짓말이다!

소녀들이 모조리 강단으로 뛰어 올라갔다

초인종에 걸쳤던 교장의 손을 눌렀다

소녀들은 서로 엉켜

빨간 목청을 잔뜩 벌리고

몸을 비틀면서 외쳤다

-네가 말하는 것은 모두 거짓말이다!

-사과하라!

그때 멀리서 구두 소리가 들려 왔다

그 소리가 가까워졌다

소녀들은 문고리 소리를 들었다

문짝에 금이 가며 무너지는 소리를 들었다

소녀들은 소녀들의 몸뚱이에 한 줄기 피가 솟구치는 것을 느꼈다

교장이 쓰러졌다

그 얼굴을 마구 밟았다

헌병과 순사들이 우르르 몰려 왔다

모자의 턱 끈이 갈라져 찢어지고

권총의 총집이 날아가고

서양식 긴 칼이 삐거덕 소리 내며 휘어졌다

그리고 이 뭐라 형언할 수 없는 소음 위로

조선 소녀들의

격렬하게 떨리는 고함소리가

높게 드높게

터놓고서 수습하기 어려울 정도로 만세를 불렀다

　　　　　－「조선의 소녀들(朝鮮の娘たち)」전문(『無産者新聞』97호, 1927)

　시는 비교적 어렵지 않게 읽힌다. "총독부의 앞잡이인 교장이 학생들의 신망이 두터운 교사의 목을 슬그머니 자른 것"이 결국 소녀들의 거센 저항으로 이어진다는 설정을 통해, 일제의 도덕성과 허구성에 대한 신랄한 비판을 가하고 있다. 그런 사고가 시 전편을 관통하고 있다. 시의 초출이 일본의 무산자신문사에서 발행한 『무산자신문(無産者新聞)』 97호(1927)인 것을 감안하면, 시의 시간적 배경은 일제의 서슬이 시퍼렇게 살아 있던 1926년 혹은 1927년 무렵으로 추측된다. 공간적 배경은 경성의 조선인 여학교.

　시작(詩作) 시기가 100년 가까이 흘렀음에도 직접화법을 동원하여 일제의 만행에 대항한 한국인 여학생들의 외침이 생생하게 들려오는 듯하다. 살아 움직이는 메아리 같다. 2연에서 무려 일곱 곳에 걸쳐 나오는 외침 "거짓말이다!/ 그건 거짓말이다!/ 거짓말이다!/ 거짓말이다!/ 거짓말이다!/ 네가 말하는 것은 모두 거짓말이다!/ 사과하라!"에 주목하지 않을 수 없다. 가슴이 먹먹해진다. 슬픔과 분노가 솟구쳐 온다.

　놀랍게도 이 작품을 쓴 사람은 일본인이다. 시인이며 소설가였던 나카노 시게하루(中野重治, 1902-1979). 이 시를 발표할 당시 그는 도쿄제국대학 독문과에 재학 중인 학생이었다. 한국인에게 일제 만행의 상징으로 여겨지는 총독부가 당시 한국인의 민족의식을 말살하려는 의

도를 갖고 있었음을 시를 통해 제시하였기에, 후에 이 시가 실린 시집은 일제에 의해 압수되었다. 덧붙이자면, 이 시에 대한 후대의 평가는 나카노 시게하루가 '한국인에게 보내는 일제에 대한 항거'를 독려하는 작품인 동시에 '한국인에 대한 동지애와 연대감'을 작품으로 승화시킨 것으로 회자된다.

  나카노 시게하루의 「조선의 소녀들」과 같은 작품이 한일 양국의 독자들에게 다시 읽힐 뿐 아니라, 소중한 문화유산으로 기억되었으면 하는 바람을 가져본다.

4부

가을비는 지금, 수행, 수행의
노래를 부르고 있다

가을비는 지금, 수행, 수행의 노래를 부르고 있다

　유난히 덥고 길었던 올여름은 분명 '백팔번뇌의 계절'이었다. 발버둥 치다 지칠 대로 지친 '백팔번뇌'를 말끔히 씻어주겠다며, 다독거려 주겠다며, 가을비 내린다. 그 간절한 심정을 알고 있는 것일까, 빗줄기에 단비를 허락해주는 하늘.
　빗줄기는 제각각 손바닥을 펼치며 내리는 듯하여, 마치 삼천 배 같은 행보다. 삼천 배에 삼천 배를 반복하고 또 반복하는 기도여. 살아남았다는 것만으로도, 묵묵히 인내의 근육을 키워냈다는 것만으로도, 고맙다며 대견하다며 아낌없이 쏟아지는 빗줄기로 가을비는 지금, 수행, 수행의 노래를 부르고 있다.
　그래서 사람도 나무도 꽃도 부처님 같다. 나무들이 조금씩 초록을 벗어던지는 광경은 단순히 순응은 아니다. 겸손과 경건함으로 또 다른 채색을 하러 가는 발걸음이다. 그래, 대지로 떨어진 것을 낙엽이라고 부르지 말자. 해탈의 노래라고 부르자. 길고 긴 혹독의 계절을 잘 견뎌낸 수많은 생명체도 무생명체도 하늘의 노여움에 맞섰던 것은 아닐 터. 감당해야 할 업보라고 생각했기에 해탈의 노래다. 한 자 한 자 받아적은 극복의 답안지다. 슬픔의 해체를 또박또박 해서체로 써 내려간 것이다. 그러니 올가을에는 이 나무 저 나무에서 떨어지는 이파리들을 낙엽이라 부르지 말자. 해탈의 노래라고 부르자.

단풍들도 단물을 들이고 있다. 아직은 도심으로 살포시 내려앉았을 뿐이라며 수줍어하는 단풍들의 귀에 대고, '아름다움을 빚어놓을 그대들의 작업에 방해가 되고 싶지 않다'는 가을비가 다소 분주한 독백을 쏟아내고 있다. 주륵주륵, 주륵주륵, 주륵주륵⋯⋯. 분주하다는 것은 무척이나 미안하다는 뜻이리라. 나도 그렇게 걷는 길 위에 독백을 들려주는 동안, 인근 아파트에서 쏟아져 나오는 불빛들로 이른 저녁을 먹었지만, 목마름을 호소하는 도시의 공원. 갈증에는 가을비가 가장 좋다며 가장 맛있다며 꿀꺽꿀꺽 삼키고 있다. 불빛들도 바닥에 고이는 빗물에 몸을 적신다. 이때, 가을비는 공원과 불빛들이 서로 아름답게 화합하는 존재로 기능한다. 어쩌면, 가을비는 사람들이 제대로 갖추지 못한 화합의 정신을 갖고 있을지도 모른다.

그렇게 가을비 같은 여인이 내 품속으로 들어왔으면 좋겠다, 그리고 그 여인과 우산을 같이 쓰고 걸었으면 좋겠다는 생각이 들 무렵, 내 눈앞으로 툭툭, 떨어지는 은행잎들. 역시 여름 내내 정답을 찾으려고 꼼꼼하게 문제를 풀어낸 답안지처럼 내려온다. 노랗게 익었다는 것은 역시 백팔번뇌로부터의 탈출이다. 또 다른 수행으로 발걸음을 옮기는 수도자의 발 같다.

나도 올가을에는 어떤 해탈의 노래를 부를 수 있을까. 어떻게 수행의 노래를 부를 수 있을까. 그런 생각에 젖어, 젖어, 삼천 배에 삼천 배를 반복하는 가을비처럼 걷고 또 걸었다.

겨울 강과 가장자리

겨울 강, 그 가장자리가 얼어붙고 있었다. 얼마 남지 않은 해의 마지막이 추위와 몸을 섞느라 분주한 동안, 가장자리 주변을 산책하는 나를 졸졸 따라오는 된바람. 기분 좋은 쌀쌀함을 던져주고 간다.

순간, 내가 지금 걷고 있는 가장자리는 어떤 의미를 지니는 존재일까를 생각했다. 가장자리는 추위가 찾아오면 가장 먼저 살얼음이 된다. 더불어, 강의 중심이나 강 여기저기로 흘러가는 강물을 향해 조금씩 얼음이 될 준비를 일러주는 수고로움을 잊지 않는다. 그것이 가장자리의 본능이고 유전자다.

그런 생각을 해서일까. 가장자리는 단순히 '강과 사람 사는 세상과의 경계'라는 위치의 개념을 이탈하여, '사람과 강을 하나로 이어줄 수도 있다'는 상상으로 이어진다. 꽁꽁 언 강 위를 사람들이 걸을 수 있게 하는 토대는 온전히 가장자리에서 시작되기 때문이다. 가장자리의 몫이기 때문이다. 비록, 강의 끝자리나 둘레, 강의 변두리에 자리 잡고 있지만, 결코 얕보거나 평가절하해서는 안 되는 이유도 바로 여기에 있다. 그래서 가장자리는 외롭지 않다. 겨울이 되어도 한가롭게 살아갈 수 없는 천성에 충실하다.

 가장자리의 역할은 봄이 찾아오는 해빙기에도 그다지 다르지 않아, 맨 먼저 저 자신을 녹이기 시작한다. 그리고는 강 중심을 향해, 강 여기저기를 향해, 얼었던 몸을 녹이는 방법을 귀띔해준다. 그렇게 보면 강의 가장자리는 강에게 겨울이라는 계절을 알리는 전령사 같은 것. 겨울이 끝나고 있다며 겨울 강을 다독이는 따뜻한 손길 같은 것.

 강의 가장자리를 우리 인간 사회에 비유하면 어떨까. 추운 겨울이 찾아오면 맨 먼저 스스로 살얼음이 되겠다고 발을 걷어붙이는 존재. 과연 그는 누구일까. 세상의 중심이 되겠다는 생각은 갖지 않은 채, 세상의 끝자리 혹은 세상 바깥에서 그저 세상 여기저기로 흘러가는 타인의 삶을 향해 나침반 같은 역할을 하겠다는 존재. 그는 누구인가. 잠재적으로 가장자리와 같은 역할을 하는 사람에게는 이타의 정신이 깃들어 있을 것이다.

 가장자리의 역할과 관련하여 생각하면, 사람은 다분히 가장자리가 아닌 중심이 되려고 하는 성질을 갖고 있다. 이런 욕구가 지나치면 인간의 슬픔은 시작된다. 다양한 비극이 연출된다. 자신이 아닌 타인은 모두 주변 인물로 남을 것을 강요하기 때문이다. 이러한 생각이 팽배해지면, 자연은 물론이고 세상을 구성하는 모든 요소가 아픔을 겪게 된다. 우리가 정말 경계해야 할 것은 이기심이 활개를 치는 세상이다.

다음의 시는 우리의 마음을 따스하게 하리라. 읽어보자.

나뭇잎이
벌레 먹어서 예쁘다.
귀족의 손처럼 상처 하나 없이 매끈한 것은
어쩐지 베풀 줄 모르는 손 같아서 밉다
떡갈나무 잎에 벌레 구멍이 뚫려서
그 구멍으로 하늘이 보이는 것은 예쁘다
상처가 나서 예쁘다는 것은 잘못인 줄 안다
그러나 남을 먹여 가며 살았다는 흔적은 별처럼 아름답다

― 이생진 「벌레 먹은 나뭇잎」 전문

인용 시에서 시인은 '벌레 먹은 떡갈나무 이파리'를 베풀 줄 아는 존재로 그린다. 그리고 이파리에 난 구멍을 하늘을 보여주는 장치로 파악하고 있다. 이 얼마나 숭고한 생각인가. 그래서 "남을 먹여 가며 살았다는 흔적은 별처럼 아름답다"는 서술은 우리에게 감동을 전해주기에 충분하다. 벌레 먹은 이파리는 하찮은 것이지만, 남에게 베풀었다는 가치는 그 어떤 향기로운 꽃보다도 위대하다. 우리가 이러한 '벌레 먹은 나뭇잎'과 같은 생각을 공유할 때, 세상은 아름다운 공간으로 자리 잡을 것이다.

겨울 강에서 '맨 먼저 얼어붙어야 한다는 사명감'으로 살아가는 가장자리. 그 가장자리 주변을 걸으며 이런저런 생각을 하는 동안, 나도

가장자리와 같은 존재로 살아가고 있는지를 묻고 또 물어본다. 동시에 '모든 것의 중심이 되어야만 살아갈 수 있다'는 집착이 나를 헤치고 있다는 생각도 밀려온다. 봄이 오면 꽃들이 가장 먼저 강의 가장자리로 향기를 보내줄 것이다. 그러면 가장자리는 그 향기를 강 여기저기에 전하는 본능에 충실하리라. 아, 가장자리여. 아름다운 이름이여.

중얼중얼

우선, 이 계절에 어울리는 필자의 시 한 편 「중얼중얼」을 소개하면서 이 글을 시작할까 한다.

절대 박정해서 그런 것이 아니다

지나치게 사랑받았던 기억은
오히려 짧으면
짧을수록 좋다며

온종일
가랑비가
벚꽃에게

중
얼
중
얼

                                               -「중얼중얼」전문(『사선은 둥근 생각을 품고 있다』, 2021)

  화무십일홍(花無十日紅)의 대표적인 꽃의 하나인 벚꽃은 봄이 되면 상춘객으로부터 엄청난 사랑을 받는 꽃의 하나다. 벚꽃의 생명력은 그야말로 열흘 전후. 인용한 시에서 벚꽃을 떨어뜨리는 존재는 봄비다. 그것도 가랑비. 벚꽃에게 야속한 존재가 돼버린 가랑비가 벚꽃에게 속삭이는 말의 핵심은 "절대 박정해서 그런 것이 아니다// 지나치게 사랑받았던 기억은/ 오히려 짧으면/ 짧을수록 좋다"는 것이다. 가랑비는 가늘게 내리는 비가 아닌가. 굵은 비도 아닌 가랑비가 벚꽃에게 들려주는 속삭임인 "중/ 얼/ 중/ 얼"에는 화자가 삶을 관조하고 그에 상응하는 삶의 태도를 갖추려는 순응의 자세가 녹아 있다.

  그래서 문득 사람과 사람 사이도, 누군가에게 "지나치게 사랑받았던 기억은/ 오히려 짧으면/ 짧을수록 좋"겠다는 생각이 들었다. 누군가에게 지나치게 사랑받는다는 것은 지나치게 사랑을 베푸는 존재가 있다는 뜻. 열흘간의 지나친 사랑보다는 차라리 삼백육십오일 동안 은은하게 빚어지는 사랑이 더 좋지 않을까 하는 생각을 해 보는 것이다. 떨어지는 벚꽃 이파리를 보며, 그렇게 잔잔하게 속삭여보는 독백, "중/ 얼/ 중/ 얼". 이 계절, 나도 나 자신에게 "중/ 얼/ 중/ 얼".

눈을 돌려보면, '중얼중얼'은 가랑비가 벚꽃에게만 하는 것은 아니다. 가랑비가 강물에게도, 흐르던 강에게도 하고 있다는 것을 알았다. 오랫동안 강수량이 부족했던 탓으로, 상류에서 내려오는 강물의 유량이 부족했던 탓으로, 중랑천은 갈증을 호소하며 제 가슴에 허옇게 모래톱을 새기고 있었는데, 그저께, 그야말로 온종일 가랑비가 내렸던 것. 그때도 가랑비는 중랑천에게 이렇게 중얼중얼 속삭였을 것이다. '호우 혹은 폭우가 아니라서 미안하다며, 아니, 어쩌면 호우 혹은 폭우보다 평상시 적절한 비를 내려줘야 하는데, 어쩌나, 어쩌나…….' 하며 중얼중얼. 중얼중얼.

지금은 벚꽃 진 자리가 근질근질할 것 같아 부드럽게 긁어주겠다며 산들산들 봄바람이 불고 있다. '이파리 다 떨어뜨리고 나니 사람들이 잘 쳐다보지도 않는다'고 하소연하는 벚나무가 신록으로 몸을 단정히 하고 있다. 어떻게 살아갈지를 준비하고 있다. 나는 또 이렇게 「중얼중얼 1」이라는 시를 쓰고 싶은 충동에 빠진다.

절대 박정해서 그런 것이 아니다

지나치게 사랑받았던 기억은
오히려 짧으면
짧을수록 좋다며

온종일

봄바람이

벗나무에게

중

얼

중

얼

계곡의 물소리에 길을 묻다

 나도 이 계곡의 물줄기처럼 깨끗하게 살아갈 수 있을까. 어디로 흘러갈지 모르는 긴 삶의 여정에서 오로지 깨끗하게, 깨끗하게만 흘러가야 한다는 소명의식 같은 것을 갖추고 있을까. 위를 쳐다보지 않고 아래로 아래로만 흘러 흘러, 낮은 곳을 살피겠다는 정신을 갖고 있을까. 그 정신을 운명이라고 생각하며 살아가고 있을까. 계곡의 물소리를 들으며 나 자신에게 물어보고 또 물어보았다.
 발원지가 심산유곡이면 어떠하리. 연약한 물방울 하나면 어떠하리. 그 태생에 얽힌 이야기를 듣고 싶은 마음은 없다. 지금 이 물줄기의 삶은 건강하다. 힘차다. 비경을 벗 삼아 아름다움을 연출하는 장관으로 살아가고 있을 뿐이다. 곁을 지켜주고 있는 이웃인 수많은 나무, 산새들, 작은 동물들, 그리고 메아리가 약속처럼 다짐처럼 물소리를 굳건하게 지켜주고 있다. 물소리와 함께 호흡하고 있다. 생명수로서의 기능은 완벽한 유전자 덕분이다. 숲에서 뿜어져 나온 피톤치드의 입자에 물소리를 입혀 끊임없이 굵고 짙은 농도의 향기를 생산하는 것은 주위를 보듬고 살피는 일을 게을리하지 않은 습관 때문이리라. 아, 그렇게 지금의 이 터전은 오래도록 따뜻한 위로로 남을 것이다.

더불어 산 여기저기를 돌아다니다 지친 바람을 불러와 그 얼굴과 이마를 씻어주는 것을 잊지 않는다. 따사로운 햇살에 아낌없이 발 담그고 가는 것도 허락한다. 찬 성질과 뜨거운 성질의 결합이 윤슬로 빛나는 순간이다. 우리 인간이 이 계곡의 물소리에게 배워야 할 가장 기초적인 지식은 비록 서로 그 성질이 달라도 몸을 섞어 아름다움을 빚어낼 수 있다는 것이다.

그것을 터득해야 한다. 차가움과 따사로움이 자연스러운 궁합이라는 것을 여기에서 발견한다. 이곳에 머물다 가는 사람들의 얼굴에 미소가 가득한 것은 그 때문인지도 모른다.

물론, 유속이 빠르게 때로는 느리게 길을 찾는 과정을 유심히 지켜보는 일은 흥미롭다. 앞이 막히면 천천히 생각해보라는 뜻이다. 궁극적으로는 갈 길을 포기하지 않기에, 숨을 고르는 시간이 필요하다는 의미가 아니겠는가. 그리고 일급수에서만 산다는 물고기들의 유유자적을 배운다. 덤으로 제공받은 은혜로움이다. 우리가 살아가는 과정에서 휴식은 꼭 필요한 일. 느린 유속이 던져주는 미학이다. 휴식의 방법을 생각하게 한다. 그렇게 축적된 힘으로 더 힘차게 나아가면 된다. 강으로 가는 법, 바다로 가는 법은 모두 힘을 바탕으로 해야 할 것이다.

그래서 나는 이 계곡을 떠나고 싶지 않았다. 여기 오래 머무르고 싶었다. 그것은 단지 이 물소리의 순결함 때문만은 아니다. 낮은 곳을 지향하는 이 물소리의 사고 때문만은 아니다. 이 거룩한 삶의 교과서인 물소리를 한 행 한 행 더 오래, 더 구체적으로 읽고 싶었기 때문이다. 물소리의 경전 소리를 번역하는 시간이 필요했기 때문이다. 분명한 것은 이 계곡의 물줄기와 물소리는 한바탕 잘 놀다 간다는 것. 후회 없이 제 본분에 충실하다는 것. 인생도 그렇게 살아야 하지 않겠는가. 그것이 혼탁한 세상을 이겨나갈 힘의 원천이 되지 않을까 하는 생각을 해보았다.

계곡의 물줄기와 물소리의 속성은 독야청청이고 일편단심이다. 혹여, 어떤 이는 살아가는 데에 그러한 속성이 무슨 보탬이 되겠냐고, 그 덕목이 이 어지러운 세상살이와 어떻게 제대로 된 조합을 할 수 있겠냐고 말할지 모른다. 그러나 우리가 쓸쓸해지지 않고, 가장 위로가 되는 삶의 방식을 찾기 위해 독야청청, 일편단심을 버려서는 안 된다. 그래야 계곡의 물줄기처럼 물소리처럼 오래도록 비경으로 남지 않겠는가.

"뛰어난 덕은 골짜기와 같다", "천하의 계곡이 되면 언제나 덕이 떠나지 않는다. 덕이 떠나지 않으면 어린아이로 되돌아간다"는 말이 떠오른다. 도가의 창시자 노자(老子)는 이렇게 계곡을 들어 '덕'을 설명했다.

우리는 아등바등 살아가는 현실에서 갈등과 인내와 극복을 강요받으며 살고 있다. 지금이야말로 가슴 속에 지워서도 잊어버려도 안 될 가장 맑은 발성, 계곡의 물줄기와 물소리에 길을 물을 때다. 그 풍경을 오랫동안 그려보고 읽어볼 때다.

같이 우산을 쓴다는 것

먼저, 다음 두 편의 시를 소개하면서 글을 시작할까 한다.

가뭄에 지친 스스로의 목마름을 풀기 위해
잔잔한 수다를 떨고 있는
초가을 빗줄기처럼
그녀의 귓속말이
내 몸속으로 스며들 때마다

마른침 넘어가는 소리를
빗소리로
얼버무려주는
가을 우산

― 「가을 우산」 전문(『파문의 그늘』, 2018)

한여름 더위가

어느 정도인지를 모르고 왔다가

그 기운이 전혀 식을 기미가 없다는 것을 알아채고는

지상에 제 몸만 살짝 적시고 가는

여우비

그 여우비를 피해

잠깐 내 옆에 머물렀던

그녀가

마치 여우비처럼 몸을 살짝 스치고만 갔는데

내 몸은 그만

흠뻑 젖어버렸습니다.

— 「여우비」 전문(『파문의 그늘』, 2018)

필자의 시 「가을 우산」과 「여우비」에는 시적 화자의 가슴을 설레게 하는 풍경이 수채화처럼 펼쳐져 있다. 우산 속에 피어나는 사랑의 감정, 그것이 이 두 작품의 주된 정서다. 공통으로 '화자'와 '우산' 그리고 그 우산을 함께 쓴 '여성'이 등장하지만, 분명한 것은 화자에게 피어난 사랑의 기운은 우산이 그 매개체라는 것. 누구나 한 번쯤은 경험했을 법한 짜릿한 연애 감정이 아닌가. 그 감정이 우산 속에서 꽃을 피웠던 추억이 소환될지도 모르겠다. 이처럼 이 두 편에서 우산은 사랑을 촉발하는 기능을 하고 있다.

　그렇게 생각하면 사랑하는 사람과 우산을 함께 썼던 기억은 참 따뜻한 추억의 강을 가졌다는 뜻인지도 모른다. 그 강에서 물결이 되어, 흐름이 되어, 서로에게 흘러갔으리라. 서로를 적시며 함께 호흡했으리라. 먼 길을 가는 여정을 위해 동행하는 꿈을 꾸었으리라. 그래서 사랑하는 사람과 함께 우산을 쓰고 간다는 것, 그것은 건강한 상상이다. 결코 불온하지 않다.

　물론, 이성이 아닌 동성 간에도, 가족 간에도, 친구 간에도, 전혀 인연이 없는 타인끼리도 얼마든지 우산을 같이 쓸 수 있을 것이다. 우산을 준비하지 않은 사람과 함께 비를 피하며 우산을 쓰고 가는 모습은 아름다운 풍경이다. 혼자 쓰고 가는 우산보다는 더 자신의 몸을 적실 것이다. 더 불편해지리라. 그러나 살아가면서 누군가에게 작은 도움을 주려고 같이 우산을 쓴다면, 우리네 마음속에도 쉬 마르지 않는 강물이 흐를 것이다.

　몇 해 전 비 내리는 날, 어느 부처의 한 공무원이 무릎을 꿇은 채 고위 관료에게 우산을 받쳐준 일이 매스컴에서 떠들썩하게 보도된 적이 있었다. 그 일이 안타까움을 자아냈던 이유는 이들의 처신과 더불어 우리가 알고 있던 우산의 이미지가 많이 훼손되었기 때문이리라. 비를 피하고자 누군가와 같이 우산을 쓴다는 보통의 생각과는 괴리감이 생겼던 것. 우산은 누군가와 같이 쓸 때 따뜻한 동행이 된다. 그것이 우산의 순기능이다.

우산의 '산(傘)'은 우산을 본뜬 모양이지만 글자를 구성하는 팔(八)과 십(十)이 팔십(八十)으로 간주되기도 한다. 그래서 '목숨 수(壽)'와 합쳐지면 '산수(傘壽)'라는 단어를 낳는다. 80세를 뜻한다. 그 옛날에는 장수의 의미로 우산 '산'자가 쓰인 것.

이 글을 쓰는 지금도 비가 내린다. 밤이 어둡고 고요하다는 인식을 풀어헤치는 데 빗소리만 한 것이 있을까. 가을비가 이 지상에 내려와 한바탕 신나게 놀고 있다. 어둠과 고요와 가뭄에 방치된 채 성장을 걱정하던 나무와 꽃에는 더없이 고마운 생명수다. 내일까지 비가 계속된다는 일기예보에 화답하려면 밤새도록 내릴 것이다. 여름 내내 강수량이 적어 제대로 된 깊이를 갖지 못한 중랑천은 이 비를 받아먹으며 하천으로서의 기능을 회복하려고 노력하리라. 이 비 그치면 완연한 가을로 접어들 것이다. 비는 계절을 바꾸는 역할도 부여받고 있다.

혹여 귀갓길에 전철 주위에서, 버스정류장에서, 우산 없이 서성이는 사람이 있다면, 같이 쓰자고 말을 걸어보는 시간이 되었으면 좋겠다. 그런 풍경이 자연스러운 사회, 그것이 뭐가 그리 어려울까 하는 생각을 해보지만, 세상은 자꾸만 동행을 거부하는 듯하다. 같이 우산을 쓰는 것, 나는 그것을 꿈꾼다. 음악처럼 흐르는 빗소리에 잠을 청하면서.

동백꽃 필 무렵에

　동백꽃이 피고 있다는 소식이 들려온다. 가슴이 뭉클해진다. 그리고 따뜻해진다. 혹한에도 꽃을 피운다는 것, 그것은 우주가 추위를 잘 견뎌내고 있는 동백에게 써주는 가장 격조 높은 위로의 편지다. 선물이다. 동백꽃 한 송이 한 송이에는 그러한 상찬의 문장을 담아낸 향기가 듬뿍 저장되어 있는 듯하다. 무엇보다 낙화한 꽃자리에 다시 꽃을 피워내는 일은 경이롭다. 문득, "사람도 꽃처럼 건강이 다시 피어났으면 좋겠다"는 누님의 얘기가 떠오른다.
　다음은 동백꽃 군락지인 여수 오동도를 찾았을 때의 소회를 그린 필자의 시다.

　　급격한 투신에도
　　제 모습을 잃지 않는 꼿꼿함으로 써내려간 해서체 문장
　　살아서 숨을 쉬고 있는 듯한 다소곳함에

여수 앞바다로 놀러온 파도 소리도 낙화한 꽃 속으로

걸어 들어가는 것이 보입니다

내게도 죽음의 시간이 오면

저런 낙화의 방식도 괜찮겠다는 생각으로

떨어져 나뒹구는 동백꽃 몇 송이를 집어 들고서

화관(花冠)으로 만들어 썼더니

내 몸속에 잠재해 있던 불안정한 잡념들이 사라지고

동백꽃이 활짝 피어나는 것이었습니다

다시, 다시,

– 「동백꽃 낙화 -여수 오동도에서」 전문(『종달새 대화 듣기』, 2022)

비록 동백꽃은 낙화하였지만, "살아서 숨을 쉬고 있는 듯한 다소곳함"에 "내게도 죽음의 시간이 오면/ 저런 낙화의 방식도 괜찮겠다는 생각"으로 이어져 있다. "떨어져 나뒹구는 동백꽃 몇 송이를 집어 들고서/ 화관(花冠)으로 만들어" 쓴 것은 다시 개화를 꿈꾸는 화자의 소박한 바람이다. 역시 사람의 건강도 다시 꽃처럼 피어났으면 하는 염원과 겹쳐 읽히리라.

세계적으로 잘 알려진 일본의 소설가 나쓰메 소세키(夏目漱石, 1867-1916)도 동백꽃 감상에 관한 글을 남기고 있다. 그는 어떤 눈으로 동백꽃을 바라보았을까.

눈에 띄면 꼭 헤아리고 싶을 정도로 또렷하다. 다만 또렷하기만 하고 조금도 밝은 느낌이 없다. 확 불이 붙는 것 같아서 언뜻 마음이 쏠렸다가도 그다음에는 어쩐지 스산해진다. 저것만큼 사람을 속이는 꽃은 없다. 나는 깊은 산속의 동백을 볼 때마다 늘 요녀의 모습을 연상한다. 검은 눈으로 사람을 낚아채고 모르는 사이에 요염한 독기를 혈관에 불어넣는다. 속았다고 깨달았을 때는 이미 늦다. 건너편의 동백이 눈에 들어왔을 때 나는 이런, 보지 않았으면 좋았을 텐데 하는 생각을 했다. 저 꽃의 빛깔은 단순한 빨강이 아니다. 눈을 번쩍 뜨게 할 만큼의 화려한 빛깔 속에 말로 할 수 없는 침울한 운율을 간직하고 있다.

필자가 옮긴 『풀베개』(책세상, 2024, 137-138쪽)에 실려 있는 것으로, 특히 "나는 깊은 산속의 동백을 볼 때마다 늘 요녀의 모습을 연상한다"와 "눈을 번쩍 뜨게 할 만큼의 화려한 빛깔 속에 말로 할 수 없는 침울한 운율을 간직하고 있다"는 구절이 인상 깊게 읽힌다. "검은 눈으로 사람을 낚아채고 모르는 사이에 요염한 독기를 혈관에 불어넣는" 것으로 동백꽃을 인식하는 시각은 재미와 함께 놀라움이 느껴진다.

동백꽃을 바라보는 시각은 개인 고유의 영역이다. 분명한 것은 유난히도 추웠던 올겨울에도 꽃을 피운다는 것. 지금 피고 있는 동백꽃에 마음을 담아보는 시간을 가져보라. 더불어, 마음속에서 싹을 틔우는 아름다움도 그려보라. 그렇게 나도 동백꽃처럼 내 주위의 사람들에게 꽃으로, 향기로, 피어나고 있을까, 하는 생각을 해본다. 지금은 한파주의보가 계속되고 있는 2월 초순의 어느 날.

칠월 장마는 꾸어서도 한다

　내가 만난 홍수 혹은 장마의 기억은 여전히 공포와 슬픔이 지배적이다. 1984년 9월 초, 여름이 막바지로 치달을 무렵, 서울 풍납동에 살고 있었을 때 맞닥뜨렸던 집중호우와 관련한 기억은 아직도 쉬 잊히지 않는 슬픈 다큐멘터리 같은 것. 내가 몇 년 전 발표한 시「장마」에는 그때의 공포와 공허함이 숨 쉬고 있다. 이 시편을 다시 펼쳐보는 것은 올여름에도 장마로 인한 아픔이 이어지고 있기 때문이다.

　　장마가 계속되던 날
　　저지대에 모여 사글세 살던 사람들에게는
　　근근이 벌어오던 일당에 대한 절실함보다는
　　며칠 동안이나 낮은 곳으로만
　　낮은 곳으로만 흘러내리는 장대비의 방향이 더 무서웠다
　　오랫동안 터를 잡고 살던 궁기의 뿌리가

통째로 뽑혀 나가는 것이 더 무서웠다

세상으로 나가는 통로가 잠겨버린 골목길은

우리들 허리춤보다 더 높이 떠다녔고(중략)

장마가 끝나고 나면

언제 그랬냐는 둥 또다시 일당을 찾아

빗줄기처럼 세상 곳곳으로 퍼져 나갔다

장대비에도 겨우 목숨을 건진 몇몇 해바라기와 잡초는

오히려 무성하게 자라 올라

가재도구가 떠내려간 공허함을 메우기도 했고

허름했던 집과 집 사이의 경계를 더 명확하게 해주기도 했지만

장마 피해를 조사하러 나온 관공서의 공문은

저지대 사람들의 자존심을 건드리지 않으려고

까치발로 조심스럽게

이 집 저 집 문을 두드리고 돌아다녔다

-「장마」일부(『파문의 그늘』, 2018)

  돌이켜보면, 급격히 불어난 빗물로 "세상으로 나가는 통로가 잠겨버린 골목길은/ 우리들 허리춤보다 더 높이 떠다닌" 것도 무서웠지만, "낮은 곳으로만/ 낮은 곳으로만 흘러내리는 장대비의 방향이 더 무서웠"다. 그리고 당시 내가 살던 동네는 경제적으로 넉넉지 못한 사람들이 많았기에, "궁기의 뿌리가/ 통째로 뽑혀 나가는 것이 더 무서웠"는지도 모른다.

그때 홍수가 난 이후로, 풍납동과 인접한 성내천의 범람을 막기 위해 고지 배수로를 설치했다는 보도도 있었고, "장마 피해를 조사하러 나온 관공서의 공문은/ 저지대 사람들의 자존심을 건드리지 않으려고/ 까치발로 조심스럽게/ 이 집 저 집 문을 두드리고 돌아다"닌 수재민을 위한 대책 수립의 선행작업도 있었다.

지금도 장대비가 내리거나 장마가 지면 여기저기에서 피해 소식이 들려온다. 피해의 경중을 떠나서 집중호우는 무서운 것이다. 그런 비의 방향이 더 무섭게만 느껴지는 것은 낮은 곳으로만 낮은 곳으로만 향하며 수마(水魔)로 변하기 때문이다.

우리 속담에 "칠월 장마는 꾸어서도 한다"는 말이 있다. 칠월에는 으레 장마가 있게 마련이라는 뜻. 따라서 이 속담은 장마를 두려워하지도 말고 피하려고도 하지 말며 장마가 올 것을 대비하라는 함의로 해석한다. 여름이면 장마가 닥칠 것은 뻔한 일이지 않은가. 어떠한 각오와 준비로 우리의 목숨과 재산과 일상을 지켜낼 것인가를 고민해야 한다. 그리고 철저한 준비만이 최선이라는 우리 조상들의 가르침을 한 번 더 곱씹어야 할 것이다.

그렇게 한다면, 장마는 피해를 주기도 하지만, 동시에 약간의 쓸모가 있다는 뜻을 가진 "오뉴월 장마는 개똥 장마"가 될 수도 있을 것이다. 장마가 오기 전 가뭄으로 시달리는 우리에게 가뭄 해갈에 도움을 주기 때문이다.

1984년 홍수 때 "장대비에도 겨우 목숨을 건진 몇몇 해바라기와 잡초"가 "오히려 무성하게 자라 오"를 수 있었다는 기억도 생생하게 떠오르는 지금은 장마의 계절. 더이상 피해가 없기를 바라는 마음 간절하다.

대설 무렵

헤어진 애인에게 하지 못했던 말들이 눈발이 되어 내릴 것만 같았는데, 슬쩍 눈웃음만 짓고 가는 눈. 순간, 눈이 보여준 그 눈웃음이 내게는 마치 '묵언수행의 방법'처럼 다가왔다. 눈웃음에는 다변가(多辯家)처럼 쏟아내는 눈발보다는 간결함과 진중함을 겸비한 음악 같은 것이 흐르고 있었다.

지금은 한 해가 저물고 있으니 하고 싶은 말도 대설처럼 쌓일 것만 같은 대설 무렵. 나도 누군가에게 백 번의 말보다 눈웃음 한 번으로도 충분한 음악 같은 존재가 될 수 있을까를 생각했다.

한편으로 "눈은 보리의 이불이다."라는 말도 떠올렸다. 이 말에는 눈이 많이 내리면 눈이 보리를 덮어 보온 역할을 하므로 동해(凍害)를 적게 입어 보리 풍년이 든다는 뜻이 담겨 있다. 풍년은 풍년대로, 설경(雪景)은 설경대로, 세상에 베풀던 습관은 함부로 버릴 수 없는 중요한 것인데, 눈발은커녕 묵언수행처럼 지나가는 대설. 그런 대설에게 거칠게 항의하려고 겨울비가 내린다는 예보만 들려온다.

또 하나, 이맘때 산을 바라보며 느끼는 것은 겨울바람이 유독 그 활동량을 늘리고 있다는 것. 곰곰이 생각해보면, 겨울바람은 차가운 성질을 가진 수다쟁이 같지만, 사실은 나무를 대신해서 울고 있는지도 모른다. 나무들이 이파리들을 다 떨어뜨렸다는 것은 그들만의 침묵이 왕성해졌다는 뜻이다. 고독이 깊어졌다는 뜻이다. 그 왕성한 침묵과 깊어진 고독을 들으러 온 바람이 나무들을 대신해서 우는 것이다. 마음껏 우는 것이다. 그렇게 울어야만 산도 속이 후련해지지 않을까. 나목(裸木)이 되었기에 바람에게는 보듬어야 할 상처가 더 많아진 것. 무관심의 존재처럼 돼버렸기에 어루만져야 할 책임도 더 커진 것.

문득, 나도 저 겨울나무와 같은 계절을 지나가고 있는 것은 아닌가 하는 생각이 들었다. 하지만 이내, '그래, 나에게는 땅속에서 힘차게 호흡하는 뿌리가 있지. 튼튼한 뿌리가 있지.' 하는 위로를 건넨다. 살아오면서 흔들릴 때마다 속으로 속으로 삼켜야만 했던 슬픔이여. 격렬하게 울어야만 했던 기억이여. 그래도 봄이 오면 또 꽃이 필 거라는 확신으로 살아온 삶이여. 여전히 그 열정이 뜨겁게 불타오르는 지금은 대설 무렵.

"(전략) 이달에는 호랑이 교미하고 사슴은 뿔 빠지며(六候虎交麋角解)/ 산 박쥐는 울지 않고 지렁이는 칩거하며(鶡鴠不鳴蚯蚓結)/ 부추는 싹이 나고 마른 샘이 움직이니(荔乃挺出水泉動)/ 몸은 비록 한가하나 입은 궁금하네(身是雖閒口是累) (후략)"라는 19세기 중엽 김형수(金逈洙) 시인의

'농가십이월속시(農家十二月俗詩)'(1861)를 읊조려본다. 농사를 끝내고 몸이 한가해진 대설 무렵에 시의 화자는 그와 함께 호흡했던 호랑이, 사슴, 산 박쥐, 지렁이, 그리고 부추와 마른 샘에게 안녕(安寧)을 기원하며 안부를 묻고 있는 듯하다. 그래서 "입은 궁금하"다에서는 겨울 먹거리와 함께 마음이 따뜻해지고 편안해지는 아랫목 같은 온기가 읽힌다.

지금은 눈 내리지 않는 대설 무렵. 오랜 가뭄으로 지나가는 두루미 떼의 그림자조차 몸에 담그지 못하는 메마른 중랑천이 마른기침으로 쿨럭거리고 있다.

가을 단상

　무르익는다는 것. 성숙해진다는 것. 그 두 가지 미적 가치가 여물어 가고 있다. 긴장의 고비를 늦추지 않고 있다. 가을은 그런 의무를 부여받은 계절인 것 같다. 그것을 실천하느라 바삐 바삐 흘러간다. 미련을 버리지 못한 더위를 돌려보내는 것도 이 계절의 몫이고, 다가올 추위를 맞아들이는 데도 손을 빌려줘야 한다. 누님 같은 꽃 국화도 첫눈 맞을 때까지는 그동안 저장해두었던 향기를 뿜어낼 것이다. 부지런히 사람들의 눈과 코를 유혹할 것이다.
　그렇게 단풍도 물들어 가고 있음을 느낀다. 곧 붉어져 만산홍엽(滿山紅葉)을 실천하겠다는 다짐이 들려온다. 생각해보면, 단풍은 치열한 삶을 살아온 것에 대한 조물주의 절찬(絶讚) 같은 것이다. 일교차가 큰 햇살과 바람의 성질을 한 자 한 자 받아 적지 않았는가. 그렇게 살아온 이력이 자랑스럽다. 거부할 수 없는 과정을 통해 단련된 숙명을 고운 빛깔로 빚어낼 수밖에 없는 존재. 거기에 극한의 아름다움이 있다.

사람도 마찬가지가 아닐까. 쉼 없이 달려온 삶. 그것을 아름답게 풀어내려고 제각각 안간힘을 쓰며 살아가고 있다는 생각을 하면, 단풍을 닮아가는 것 같다. 가을을 닮아가는 것 같다. 그래서 가을은 사람을 무르익게 하고, 성숙하게 하는 계절인지 모른다. 예로부터 겨울을 맞이해야 하는 준비로 가장 바쁜 때가 가을이다. 수확의 계절이기 때문이다.

인간에게 수확의 계절은 수확할 재료와 양으로 인해 '기쁘다'는 감정을 채우려는 기대감으로 설레게 한다. 하지만, 동시에 '바쁘다'는 뜻도 함유하고 있음을 알고 있다. 풍성한 수확이라는 말은 '열심히 일한 자만이 누릴 수 있는 몫'이라는 의미도 품고 있음을 알고 있다. 가을은 부지런해져야 하는 계절인 것이다.

그래서일까. 이 계절에 어울리는 글자로 곡식이나 과일 등이 익은 것을 나타내는 '숙(熟)'자가 떠오른다. 이 한자의 부수가 불 화(灬) 받침이다. 화(灬)는 불을 나타내는 화(火)와 같은 뜻이다. '성숙(成熟)', '숙고(熟考)', '숙독(熟讀)'과 같은 단어는 익어가는 인간으로서의 기능에 부합하여 우리의 일상에 정착한 단어가 되어버렸다. 가을 '추(秋)'도 벼 화(禾)에 불 화(火)가 조합된 글자. 글자만 놓고 보면, 이 두 한자 '숙'과 '추'는 '익혀야 할 것', '익어가야 할 것'이라는 기능을 가을이 담당해야 한다는 뜻을 품고 있는 듯하다.

과연 우리는 이 글자들처럼 익어가는 계절을 살아가고 있을까. 성숙한 계절을 살아가고 있을까. 하루하루 너무 바쁜 삶에 지쳐가고 있는 것은 아닌지 생각해볼 일이다. 갈대가 바람의 방향에 맞추어 춤을 추듯이, 우리는 바람의 길을 따라 이리저리 흔들리는 삶을 살아가고 있는 것은 아닌지 자문해보는 시간도 필요하다. 다음 시는 그런 생각을 바탕으로 필자가 창작한 것.

> 단풍 이파리 하나가 떨어지면서
> 지나가던 여인의 볼에
> 살포시 달라붙습니다
> 단풍은 떨어질 때도
> 누군가에게 아름다움을 주려고 합니다
>
> ─「가을 수채화」전문(『사선은 둥근 생각을 품고 있다』, 2021)

　어느 가을날, 문득 나도 단풍의 기능을 하고 있을까, 하는 생각을 해보았다. 단풍은 단풍나무에서 가장 아름다운 자태를 자랑한다. 하지만, 떨어져도 그 아름다움이 사라지지 않는다. 사람의 품에 안길 때는 그렇다. 그 아름다움은 지속성을 갖는다. 여인의 볼을 찾아간 단풍은 사람과의 공존으로 더 빛을 발하게 되는 법. 만일 화자 속의 여인이 이 단풍잎을 주워, 책갈피에 넣어두거나, 혹은 사랑하는 사람에게 건네준다면, 단풍의 미적 가치는 진행형이다. 어쩌면 영원의 생명성을 가질 수도 있다. 그렇게 스스로에게 물어볼 일이다. 나도 단풍 이파리처럼 누군가에게 아름다움을 주고 있는 존재인지.

　잠깐 세상 이야기로 눈을 돌려보자. 이런저런 기사들로 넘쳐난다. 미담보다는 좋지 못한 기사들이 우리들의 눈과 귀를 점령한다. 어찌

하랴. 세상살이에 피할 수 없는 것들이다. 그럴수록 그리움은 점점 더 커지는 계절. 그래도 이번 가을에는 무르익는다는 것. 성숙해진다는 것. 그 두 가지 미적 가치를 실천하는 방법이 무엇인지 진지하게 고민해보자. 그런 시간을 가지겠다고 다짐해보자. 또 살아야 하니까.

이 겨울의 독서

내게는 겨울이면 [1]떠오르는 동요가 있다. 「겨울나무」(이원수 작사, 정세문 작곡)다. 부르고 싶어진다. 어릴 때 자주 불렀던 이 노래에 담긴 공간과 정서가 이제는 좀 더 깊은 울림으로 다가온다. 노랫말을 여기에 옮겨 한 글자, 한 글자, 가슴에 담아보고 싶다.

나무야 나무야 겨울나무야
눈 쌓인 응달에 외로이 서서
아무도 찾지 않는 추운 겨울을
바람 따라 휘파람만 불고 있느냐 (1절)

평생을 살아 봐도 늘 한 자리
넓은 세상 얘기도 바람께 듣고

1

꽃 피던 봄 여름 생각하면서
나무는 휘파람만 불고 있구나 (2절)

　무엇보다 의인화 수법을 통해 묘사된 겨울나무에 시선이 집중된다. 겨울나무가 '휘파람'을 불고 있다니. 이 동화적 상상력이 자꾸만 이 노래를 따라 부르게 하는 매력으로 작동한다. "바람 따라 휘파람만 불고 있느냐"(1절), "휘파람만 불고 있구나"(2절)의 반복은 메아리 같다. 여운이 되고 있다. 그것은 차갑게만 느껴지는 겨울바람이 '휘파람'을 유발하는 매개체로 작용하여, 겨울나무는 결코 외로운 존재가 아니라는 것에 이르게 한다. 그래서 겨울나무와 겨울바람은 서로에게 고마운 존재, 함께 살아가는 동행이 되고 있다. 여기에 노래의 깊이가 있고 울림이 있다. 어른이 되어서도 이 노래를 다시 부르고 싶어지는 것은 그 때문이다.
　산다는 것은 무엇일까. 어쩌면 '휘파람'을 부는 일인지도 모른다. 상대가 '휘파람'을 낼 수 있게 배려하고 도와주는 일이다. 상대가 외로움을 느끼지 않게 바람 소리로 다가서는 일이다. 혹은, 스스로 외로움을 견뎌내며 늘 '휘파람'을 불 수 있다는 의지가 필요한 일이다.
　또 한 편의 시가 있다. 필자의 작품이다.

추위에 떨지 말라며
절대로 얼어서는 안 된다며
갈참나무의 발을 덮어주려고

일제히 몰려가는 낙엽에게는

무언가를 따뜻하게 데우려는 인간미 같은 것이 있다

체온이 있다

세상에 하찮은 것은 아무것도 없다

―「겨울의 독서」 전문(『종달새 대화 듣기』, 2022)

   겨울나무와 겨울바람, 이 양자의 동행과 함께 이 계절 내게 관심 있게 다가온 것은 겨울나무와 낙엽의 동행이다. 시에서 감지되는 주된 정서는 갈참나무가 낙엽과 함께 있기에 외로운 존재가 아니라는 것. "갈참나무의 발"을 데우려는 낙엽 또한 갈참나무의 체온을 지켜주겠다는 간절함으로 쓸쓸하지 않다는 것. 그래서 의인화 수법으로 서술한 "무언가를 따뜻하게 데우려는 인간미 같은 것이 있다/ 체온이 있"기에 낙엽은 갈참나무와 함께 봄날을 기약하는 희망을 품을 수 있다.

   지금은 차디찬 겨울바람이 부는 한겨울. 이 계절에 생각한다. 나는 누군가가 휘파람을 불 수 있게 그에게 바람 소리가 되어 다가서고 있는지를, 나 스스로 얼지 않으려고 늘 휘파람을 불어야겠다는 의지를 갖고 있는지를, 그리고 추위에 떨고 있는 존재들을 따뜻하게 품으려는 온기를 가져야 한다는 것을.

아, 중랑천에도 섬이, 섬이, 생겼다

 섬이, 섬이, 생겼다. 중랑천에. 아, 그것도 요즘에는 이미 있던 섬이 더 넓어지고 더 커지고 있다. 몇 년 전부터 지속되던 가뭄을 견디지 못하고 조금씩 강바닥이 말라 가더니, 급기야 중랑천 물줄기는 습관처럼 가장자리 쪽으로만 흘러가는 일상을 되풀이하고 있다.
 그렇게 물줄기의 사랑에서 제외된 하천의 중심에 생겨난 허연 모래벌판. 두루미도 오리도 다른 새들도 찾아오지 않아 고도(孤島)가 된 곳. 수심(水深)이 없어져 수심(愁心)은 더 깊어만 가고, 그 근심을 이겨내지 못하고 아우성처럼 물풀인지 잡풀인지 퍼져 있다. 그렇게 생겨난 섬이여, 섬이여.
 그래도 장마가 찾아오면 섬이 일시적으로 사라지곤 했다. 장마가 지나고 하루 이틀 동안은 두루미 몇 마리가 중랑천에서 다리를 적시고 가는 일도 목격되었다. 사람들은 그런 풍경을 오래 보고 싶었기에 저 불량한 섬이 없어지길 바랐을지도 모른다. 그러나 야속하게도 그런 풍경은 그리 오래 가지 못하고 섬은 이번에는 더 많은 잡풀을 거느리고 나타나기도 했다. 섬이여, 침이 말라 허덕이는 갈증과 슬픔이여, 섬을 돌다가 지쳐 목마름을 호소하는 듯한 바람이여.

생각해보면 갈수기가 계속되어 섬이 되어 가는 곳이 어찌 중랑천뿐이겠는가. 올여름 폭염으로 아파트 베란다에 키우던 화분 하나도 말라 죽고 말았다. 꽃과 잎을 잃어버린 채 화분만 덩그러니 놓여 있다. 섬이 되었다. 섬이 되었다. 죽지 않고 살아가는 다른 화분들이 섬이 된 화분에게 제 이파리를 늘어뜨리며 위로의 말을 해주는 듯하다. 졸지에 꽃과 잎이 사라진 저 화분을 버려야 할까, 다른 꽃을 심어야 할까, 망설이는 내 마음도 점점 섬이 되어가는 것 같은데

섬이란 무엇일까. 섬이 된다는 것은 무엇일까. 대도시를 흐르는 하천에도 갈증을 견디지 못하고 섬이 생기고, 사람들의 마음에도 섬이 생기고, 섬은 틈을 노리고 있다. 허허로운 공간을 침범하고 있다. 강물이 풍족하지 못하다는 이유를 파고들어, 사람들의 인심이 넉넉하지 못하다는 이유를 파고들어, 섬은 쉬 사라질 것 같지 않은데

중랑천을 이웃하며 달리는 전철 소리는 쉼없이 그 모래섬에 다가가고 있다. 열차 소리를 받아주던 물소리가 희미해진 탓에 열차는 더 요란하게 달려가는 듯하다. 밤마다 쏟아지던 도시의 불빛을 아름답게 받아주던 강물은 어디로 갔는가.

수심(水深)이 없어져 사람들의 수심(愁心)이 더 깊어만 가는 밤, 두루미 몇 마리가 쓸쓸해진 섬에다 그림자를 떨구고 가는 풍경을 바라보며 생각한다. 사람과 사람 사이에는 섬이 생기지 않았으면 좋겠다고.

입춘을 앞두고

　지금, 집 앞에 펼쳐진 겨울 산이 꼭 껴안고 놓지 않고 있는 것은 어둠이다. 어둠은 저희끼리 의기투합하여, 아직도 물러갈 때가 아니라는 한기(寒氣)와 조합하였다. 견고한 추위를 생산해내고 있다. 며칠 전 내려 녹지 않은 눈이 드문드문 어둠에 대항하고 있는 형상으로 자신의 존재를 드러내고는 있지만, 눈의 색깔을 받아들일 여명이 오려면 아직은 시간이 더 필요하다. 간밤에 산속에서 사시사철 무덤의 주인을 알리고 있던 비석에 투숙했던 적막은 날이 새면 빗돌에 새겨진 글자 하나하나의 의미를 제대로 풀어낼 수 있을까. 거기에 변성기를 지난 청년의 패기 같은 바람이 산을 오르내리고 있어, 분명 어둠과 추위는 그 두께가 가볍지 않다.

　그래도 어둠을 걷어내려는 불빛으로 첫차의 통과를 학수고대하고 있는 것은 산 아래 자리 잡은 전철역이다. 어둠의 접근을 허용하지 않는 것. 그것이 불빛의 기능이다. 철저한 자기 색깔 드러내기다. 가뭄으로 여기저기 바닥을 드러낸 중랑천이 그 불빛들을 모으려고 안간힘을 쓰고 있다. 힘차게 달려오는 열차 바퀴 자국이 얼어버린 강의 영혼을 깨워주길 기도하고 있다. 곧 새벽이 오리라.

　이제 계절도 입춘이다. 동양에서는 입춘부터 봄으로 생각한다. 한자도 '봄이 선다', '봄이 시작한다'는 뜻으로 설 '립(立)', 봄 '춘(春)'이다. 입춘 전날을 '절분(節分)'이라 하는 것도 그 때문이다. 절분에서 '절(節)'은 계절을 나타내는 글자고, '분(分)'은 나누어짐, 즉 경계의 의미다. 그러니까 절분은 기후가 바뀌는 시기다. 겨울의 마지막 날 저녁, 즉, 입춘의 전날 밤을 가리킨다. 계절의 마지막 날이라는 뜻을 내포하고 있어, '해넘이'라고도 부른다.

　이웃 나라 일본에서도 입춘 전날을 절분이라 한다. 일본어 발음은 '세쓰분(せつぶん)'이다. 이날은 집에서 '마메마키(豆まき)'라고 하여, 창을 열고 콩을 뿌려 사악함을 물리치고 복(福)과 봄을 부른다. 어린아이도 즐기는데, 집안에 뿌린 콩을 자신의 나이만큼 주워 먹기도 한다. 마메(豆)는 '콩'이고, 마키는 '뿌린다'는 동사의 명사형이다.

　우리가 입춘에 길운을 기원하며 벽이나 문 따위에 써 붙이는 글인 '입춘대길(立春大吉)'은 한국, 중국, 일본 할 것 없이 공통으로 사용하는 말이다. 입춘에 '운이 매우 좋다'는 뜻의 대길을 붙여 만든 것. 맑은 날(좋은 날)이 많고, 좋은 일과 경사스런 일이 많이 생기라고 기원하는 뜻을 가진 '건양다경(建陽多慶)'도 입춘대길과 함께 우리의 눈에 친숙한 이 계절의 글자다.

　물론, 여명이 오려면 아직 시간이 더 필요한지도 모른다. 하지만

"'벌써'라는 말이/ 2월처럼 잘 어울리는 달은 아마/ 없을 것이다./ 새해맞이가 엊그제 같은데/ 벌써 2월,/ 지나치지 말고 오늘은/ 뜰의 매화 가지를 살펴보아라./ 항상 비어 있던 그 자리에/ 어느덧 벙글고 있는/ 꽃,/ 세계는/ 부르는 이름 앞에서만 존재를/ 드러내 밝힌다."(오세영「2월」일부)는 시 구절이 떠오른다. 그래, 꽃을 살펴보자. 벙글고 있을지 모른다. 새로운 계절의 이정표가 되는 입춘에는 세상이 꽃을 피울 준비로 설레고 있다는 소식이 들려 왔으면 좋겠다.

베란다의 봄

올봄 우리 집 베란다에 일어난 일 중에서 가장 놀라운 것은 수국이다. 수국의 기지개다. 작년에 꽃이 지고 나서 시들시들해지는 모습을 목격한 후에는 물주기를 소홀히 했기 때문이다. 겨우내 시커멓게 말라, 저렇게 꽃의 생명이 끝나는가 싶었다.

그런데, 얼마 전부터 푸른 이파리를 드러내더니, 마침내 꽃망울을 터드릴 자세다. 이파리 속에 옹기종기 모인 꽃술이 금세라도 꽃을 피울 것 같다. 수국에 대한 내 무관심을 탓하며, 다시 정성스럽게 물을 주고 볕 좋은 곳으로 화분을 옮겨 놓으며 생각했다. 그래, 고맙다. 수국아. 꽃도 쉽게 죽지 않는구나. 생명이란 바로 이런 것이구나. 어쩌면 겨울을 이겨낸 인간에게도 새로운 생명력처럼 꽃을 피울 수 있겠다는 상상도 해보았다.

또 하나 고마운 것은 방울토마토. 작년 여름에 큼직한 스티로폼에 방울토마토 모종을 옮겨 심고 난 후, 쑥쑥 자라 올랐다. 그리고 얼마

간의 열매를 우리에게 선물해주었다. 정확히 말하자면, 이 모종이 방울토마토를 맛보게 해준 것보다 노랗게 꽃을 피우는 것이 더 고마웠고, 더 아름다웠다. 겨울이면 추워서 얼어 죽겠지 하는 생각을 했지만, 기우였다. 겨우내 노란 꽃을 수시로 피워냈다. 작년 겨울이 그 어느 해보다 추웠는데, 베란다에는 노란 꽃이 피고 있었던 것. 다 익은 열매보다는 그 열매를 맺기까지의 과정, 즉, 꽃이 더 아름답게 나를 휘감았다. 다 익은 열매를 수확하는 것도 중요하지만, 그보다는 수확으로 가는 과정도 무척이나 중요하다는 깨달음. 그 깨달음이 이 계절에 봉긋 피어오른다.

베란다에서 애써 키우는 또 다른 화분의 하나는 호접란이다. 3년 전쯤, 나의 신간 출간을 축하해 주며 은사님께서 보내주신 것인데 소중하게 길렀다. 활짝 핀 꽃이 그해 겨울에 지고 말았지만, 작년에는 다시 꽃을 피워주었다. 구순이 넘었는데도 여전히 건강하신 스승의 모습처럼 올해도 꽃이 필 것 같다. 가끔 찾아뵙는 은사님께서 들려주시는 따스한 덕담 같은 꽃이 피면, 나는 또 스승을 뵈러 가야겠다는 생각을 해본다. 나를 아껴주시고 나의 성장을 만나고 싶어 하는 사람이 있다는 것은 참 좋은 일이다.

이렇게 나의 베란다에는 아내가 마음먹고 키우겠다고 사 온 다육이도 자리잡고 있고, 몇몇 꽃 화분도 숨을 쉬고 있다.

문득, "물 주는 것도 꽃과 화분의 성질에 따라 달리하여 죽지 않게 키워야 한다"는 꽃집 아주머니가 "사람도 그렇게 해야지 오랫동안 건강하게 살 수 있는 것과 똑같다"는 조언이 생각났다. 햇볕이 참 따스하게 내리쬐는 4월의 어느 날, 나는 변덕스런 봄 날씨를 견디지 못하고 감기에 걸린 나를 위로하는 베란다에서 한참을 머물렀다. 내 몸에도 내 주위의 사람에게도 꽃이 피어나기를 기도하였다.

  여기저기 불타버린 산에도 슬픔을 이겨내고 꽃을 피우고 나무들이 호흡하며 살아갈 수 있다는 확신의 꿈이 되살아났으면 좋겠다. 베란다의 봄처럼.

봄, 시를 읽으며 맞이하자

하염없이 봄비가 내리고 있는데, 담벼락 안쪽에서 비를 피하고 있는 고양이들이 눈에 들어왔다. 누군가 버린 듯한 이불이 그들을 감싸주고 있었다. 산 아랫동네에 부는 바람도 제법 을씨년스러웠고, 빗줄기도 그칠 줄 모르고 스산하기만 했다. 이러한 시간적·공간적 배경을 바탕으로 꾸려진 시가 「배려」다. 다음은 그 전문.

담벼락에 숨은
어미 고양이가
누군가 내다 버린
작은 이불에서

나지막이 토닥이며
새끼 고양이 두 마리를

재우자

　　잠투정하며 칭얼대던 보슬비도
　　뚝,
　　그쳤다.

　　　　　　　　　－「배려」전문(『사선은 둥근 생각을 품고 있다』, 2021)

　　이십몇 년 전, 산 아랫동네에 살았던 적이 있었다. 이 작품은 그때의 풍경을 회상하며 시로 꾸린 것이다. 지금은 재개발이 되어 그때의 흔적을 찾아볼 수 없는 동네. 시에서는 "잠투정하며 칭얼대던 보슬비도/ 뚝,/ 그쳤다."고 했지만, 사실 그때 비는 그치지 않고 계속 내렸다. 비가 그쳐서 고양이들이 춥지 않았으면 하는 바람을 담아 비가 그쳤다고 했다. 그러니까 "뚝,/ 그쳤다."에는 시인의 희망과 상상이 내재되어 있다. 시의 제목 '배려'는 그렇게 붙인 것.
　　모든 계절이 그렇듯 봄은 수월하게 오지 않는다. 쉽게 계절을 보내지 않겠다는 겨울의 심술이 꽃샘추위다. 봄눈이다. 그래서 시인 김광섭(1906-1977)은 3월이라는 시에서 「3월」을 다음과 같이 노래한다.

　　3월은 바람쟁이
　　가끔 겨울과 어울려
　　대폿집에 들어가 거나해서는
　　아가씨들 창을 두드리고

할아버지랑 문풍지를 뜯고

나들이 털옷을 벗긴다

애들을 깨워서는

막힌 골목을 뚫고

봄을 마당에서 키운다(중략)

3월 바람 4월 비 5월 꽃

이렇게 콤비가 되면

겨울 왕조를 무너뜨려

여긴가 저긴가

그리운 것을 찾아

헤매는 이방인

— 김광섭 「3월」 부분

"겨울과 어울려 대폿집에 들어가 아가씨들 창을 두드리고/ 할아버지랑 문풍지도 뜯"는 것. 그것이 3월이다. "바람쟁이"다. 그리고 봄을 가리켜 "겨울 왕조를 무너뜨려/ 여긴가 저긴가/ 그리운 것을 찾아/ 헤매는 이방인"이라고 정의한다. 이는 모두 3월을 의인화한 것이다. 무척이나 재미있다. 이것이 이 작품의 매력이다. 환절기인 이맘때 읽으면 한 편의 시가 향기가 되어 우리네 가슴을 헤집고 돌아다닐 듯하다.

일본을 대표하는 시인의 한 사람인 미요시 다쓰지(三好達治, 1900-

1964)는 "거위-많이 모여 있기 때문에, 자신을 잃지 않으려고 울고 있습니다. 도마뱀-어느 돌 위에 올라가 보아도, 아직 내 배는 차갑다."며, 봄이 되어도 잔설처럼 남아 있는 외로움과 추위를 거위와 도마뱀을 빌려와 「봄」이라는 제목으로 풀어냈다. 해빙을 바라는 마음도 함께 느끼면 좋을 것 같다.

또한, 3월이 되어 한 번쯤 동요를 부르고 싶은 감흥에 젖어보는 것도 괜찮을 듯. 어릴 때부터 불렀던 노래, "엄마 엄마 이리와 요것 보셔요/ 병아리 때 뽕뽕뽕뽕 놀고 간 뒤에/ 미나리 파란 싹이 돋아났어요/ 미나리 파란 싹이 돋아났어요"(「봄」, 오수경 작사, 박재훈 작곡)를 흥얼거려 보자. 무심코 밟고 지나간 자리에서 '미나리 파란 싹'이 돋아날 것 같은 기분. 자신이 마치 병아리가 될 것 같은 동심. 바로 그것을 느끼는 시간이 찾아오리라.

그것은 단순히 어린 시절로 돌아가는 그 이상이다. 대지에 움트는 생명의 기운이 자신의 몸으로 흘러들어올지도 모른다. 잠시나마 우리가 안고 있는 고민이 사라진다고 느끼자. 그래서인지 "봄이 돌아오듯이 건강도 다시 돌아왔으면 좋겠다"고 누님이 카톡에다 써놓은 문장이 명료하게 각인된다. 자신이나 혹은 주위의 사람들이 한 번쯤 어딘가 심하게 아팠을 중년의 아픔과 간절함이 느껴진다.

봄은 겨울의 심술과 시기를 뚫고 일어선 힘찬 혈관 같은 것이다. 새로이 생겨나 생명을 꽃피우는 혈류처럼 우리의 삶을 흐를 것이다. "겨울 내내/ 어디 있나 했는데/ 목련 꽃망울 속에서 토옥/ 튀어나오더라고요."라는 시인 오순택(1942-)의 작품 「3월」처럼 3월이 왔다. 봄이 왔다. 동서고금을 통해 전해져 내려오는 봄을 노래한 가편들을 읽으며, 꽃 소식을 기다리는 것보다 먼저 꽃이 되어 봄을 맞이하는 것은 어떨까. 아직도 스스로 꽃을 피울 수 있다는 꿈을 꾸면서.

천마도(天馬圖) 읽기

　어느 날 문득, 나는 '천마도(天馬圖)'를 보았다. 그리고 글로 남겨야겠다는 의무감 같은 것을 느꼈다. 다음의 문장이 바로 그것이다.

　그림 여기저기 찢어지고 금이 간 것은 일천오백 년 동안 묵혀 두었던, 그리하여 미치도록 몸부림친 천마의 고독이다. 그 흔적이 분명하다. 아, 얼마나 차안(此岸)의 모든 존재들과 수다를 떨고 싶었을까. 아, 얼마나 이런저런 향기를 맡고 싶었을까. 그래도 하늘과 땅에게는 자신의 건재함을 알리고 싶었을 고독이여. 혹은 외로움이여. 그래, 이제는 그런 것들을 위로하여 '천마의 그리움'이라고 부르면 어떨까, 그림의 제명(題名)도 '천마의 그리움'이라고 하면 어떨까, 하는 생각을 해 보았다.

　그리움의 길이만큼 천마의 갈기는 여전히 휘날리고 있지 않은가.

갈기에서 빠져나오는 왕의 명령인가. 서라벌에 불었던 바람의 환생인가. 그렇게 농축된 냄새가 갈기를 흩날리게 하고 있구나. 그래서 하늘로 가는 길이 가까워 보이는지도 모른다. 서라벌의 햇볕과 별빛의 잔영(殘影)이 싱싱하게 천마의 뒤를 따르고

  천마가 하늘을 날고 싶었던 열정으로 뛰어다닌 발자국들은 걱정의 음악으로 흐른다. 그 발자국들이 마치 피아노 건반을 두드리는 듯 힘차게 힘차게 비상한다. 희망의 노래, 견고한 노래가 된다. 그 노래에 맞춰 서라벌 어딘가에서 자랐을 자작나무 그 숨결을 빨아들인 말다래. 그 품속으로 스며드는 노래, 노래. 노래. 그 노래가 이제는 내게로 흘러들어와, 넘치고 넘쳐, 오, 나의 숨결이 되는구나. 그렇게 나도 신라인으로 돌아가는 순간이여. 왕으로 돌아가는 감흥이여.

  세 단락으로 구성하여 펼친 위의 글은 '경주 천마총 발굴 50주년 특별전'에 등장하는 천마도에 내 상상의 날개를 입힌 것이다. 네 종류의 천마도에서 가장 상태가 좋은 '자작나무 말다래에 그려진 그림'을 보고 그 경이로움을 서술하였다.
  이 그림은 신라 마립간(麻立干) 시대에 그려졌다고 추정된다. 마립간은 신라 시대 임금의 칭호의 하나. 『삼국사기』에는 제19대 눌지왕에서 제22대 지증왕까지를 마립간이라 하였으나, 『삼국유사』에는 제17대 내물왕에서 제22대 지증왕까지를 지칭하였다. 그러니까 천마도는 1500년 이상의 세월을 간직한 셈이다. 말다래는 말을 탄 사람에

게 흙이 튀지 않도록 안장 양쪽에 달아 늘어뜨리는 판자다. 천마총(天馬塚)에서 발견된 신라 시대의 유일한 회화 유물이라고 하니 더 가슴 벅차게 읽힌다.

천마총에서 '총(塚)'은 한자어다. 무덤이라는 뜻. 주인을 알 수 없는 무덤으로, 단순히 개인적인 묘가 아니라 널리 만인이 애도하는 묘, 즉, 지체 높은 사람의 묘를 가리킨다. 신라의 제22대 왕인 지증왕으로 추정한다. 출토된 유물의 이름을 따라 쓰고 뒤에 '총'을 붙인다. 또한, 우리가 '태종무열왕릉'이니 '무령왕릉'이라고 할 때 쓰는 '능(陵)'은 언덕과 같은 형태를 가진 임금이나 왕후의 무덤으로, 무덤의 주인을 알 수 있을 때 쓰는 말이다.

나는 마치 무덤의 주인인 신라의 왕으로 돌아가는 듯한 감흥을 느끼며, 천마도를 보고 또 보는 즐거움을 누렸다.

겨울밤, 세한도(歲寒圖) 읽기

먼저, 미술사학자 오주석의 『옛 그림 읽기의 즐거움 1』(2018)에서 가져온 두 개의 편지글을 읽어보자.

"그대가 지난해에……(중략) 책 수백 권을 보내주니 이는 모두 세상에 흔한 일은 아니다. 천만리 먼 곳에서 사온 것이고 여러 해에 걸쳐서 얻은 것이니, 일시에 가능했던 일도 아니었다……(중략) 지금 세상은 온통 권세와 이득을 좇는 풍조가 휩쓸고 있다. 그런 풍조 속에서 서책을 구하는 일에 마음을 쓰고……(중략) 바다 멀리 초췌하여 시들어 있는 사람에게 보내는 것을 마치 세상에서 잇속을 좇듯이 하였구나! 태사공(太史公) 사마천(司馬遷)이 말하기를 "권세와 이득을 바라고 합친 자들은 그것이 다하면 교제 또한 성글어진다"고 하였다. 그대 또한 세상의 도도한 흐름 속에 사는 한 사람으로 세상 풍조의 바깥으로 초연히 몸을 빼내었구나……(중략) 공자께서 말씀하시기를 "한거울 추운 날씨가 된 다음에야 소나무, 잣나무가 시들지 않음을 알 수 있다"고 하셨다.(후략)"

"〈세한도〉한 폭을 엎드려 읽으매 눈물이 저절로 흘러내리는 것을 깨닫지 못하였습니다. 어찌 그다지도 제 분수에 넘치는 칭찬을 하셨으며……(중략) 이번 사행(使行) 길에 이 그림을 가지고 연경(燕京)에 들어가 표구를 해서 옛 지기(知己) 분들께 두루 보이고 시문(詩文)을 청하고자 합니다.(후략)"

앞의 글은 추사(秋史) 김정희(金正喜, 1786-1856)가 역관(譯官)인 제자 이상적(李尙迪, 1804-1865)에게 보내는 편지고, 뒤의 것은 그것을 받아든 제자의 답신이다. 추사는 제자가 연경에서 귀한 서책 120권 79책을 가져다준 것에 감동하여 세한도(歲寒圖, 대한민국 국보 180호, 1844년 작품)로 화답하며, 이상적의 인품을 소나무와 잣나무의 지조에 비유하였다.

몇 번을 읽고 또 읽었다. 먹먹해진다. 그리고 가슴이 뜨거워지는 심정을 쉬 가누질 못하겠다. 세한도를 둘러싸고 이들 두 사람이 주고받은 문장의 행간에는 사제 간의 의리와 정이 마르지 않는 강물처럼 흐르고 있다.

화폭에는 소나무 한 그루, 잣나무 세 그루, 집 한 채만이 홀연히 자리 잡고 있다. 쓸쓸하다. 고독이 지배적이다. 바깥출입을 할 수 없는 제주의 귀양살이에서 일 년 중 가장 추운 시간인 '세한(歲寒)'의 바람 소리가 들리는 듯하다.

　이에 제자는 편지의 글처럼 약속을 지켜 세한도를 청나라에 가져갔다. 그리고는 열여섯 명의 청나라 문인들에게 보여주고는 그들로부터 직접 칭송의 시(詩)와 감상평을 받아오기에 이른다. 작품의 고고한 품격과 김정희와 이상적 두 사제 간의 아름다운 인연에 감동하였으리라. 이상적은 이 글들을 모아 십 미터에 달하는 두루마리로 엮어, 다시 스승의 유배지를 찾아가 보여주었다고 하니, 아, 그것을 주고받는 두 사람을 상상하는 것만으로도 내 두 눈에는 눈물이 맺히는 듯하다.

　세한도(歲寒圖)라는 제목은 논어(論語) 자한편(子罕篇)의 '세한연후지송백지후조(歲寒然後知 松柏之後凋)'에 그 바탕을 두고 있다. 이 말은 '한겨울 추운 날씨가 되어서야 비로소 소나무 잣나무가 시들지 않음을 알 수 있다'는 뜻. 사람은 고난을 겪을 때 비로소 그 지조의 일관성이나 인격의 고귀함 등이 드러날 수 있다는 함의가 느껴진다. 동시에 시절이 좋을 때나 고난과 핍박을 받을 때나 한결같이 인격과 지조를 지켜야 한다는 추사의 다짐이 여러 문인에게 감동을 불러일으킨 것으로 읽힌다.

　"권세와 이득을 바라고 합친 자들은 그것이 다하면 교제 또한 성글어진다"고 한 사마천의 말은 안타깝게도 오랜 시간이 지난 지금도 부정할 수 없는 사실이 되어버렸다. 어찌하랴. 그것이 세상인심인 것을. 사제 간의 정이라는 것도 이러한 세상 흐름을 거슬릴 수 없는 노릇.

　그러나 지금은 그 어느 때보다 추사 김정희와 이상적이 나누었던 사제의 정이 그립고 또 그립다. 지금 다시 일백칠십여 년 전에 있었던 이 아름답고도 숭고한 일화를 두고두고 헤아려보자. 여전히 감동은 우리들의 몫이 될 것이다. 세한도 밑으로 찍힌 도장, "오래도록 서로 잊지 말자"라는 뜻의 '장무상망(長毋相忘)'이란 글자가 쉬 잊히질 않는 밤, 이런 겨울밤과의 동행이 참 따스하다.

오석류 수필집

그리움은 바람의 성질을 갖고 있다

초판 1쇄 발행 2025년 8월 27일

지은이 오석류
펴낸이 김선기
펴낸곳 (주)푸른길
출판등록 1996년 4월 12일 제16-1292호
주소 (08377) 서울시 구로구 디지털로 33길 48 대륭포스트타워 7차 1008호
전화 02-523-2907, 6942-9570~2
팩스 02-523-2951
이메일 purungilbook@naver.com
홈페이지 www.purungil.com

ISBN 979-11-7267-056-6 03810

ⓒ 오석류, 2025

*이 책은 (주)푸른길과 저작권자와의 계약에 따라 보호받는 저작물이므로 본사의 서면 허락 없이는 어떠한 형태나 수단으로도 이 책의 내용을 이용하지 못합니다.